पहली उड़ान

डॉ.संगीता प्रूथी

Wordly Wise Publishers

Published by
Wordly Wise Publishers & Distributors
3rd Floor,44,Regal Building,
Hanuman Road Area,Connaught Place,
New Delhi 110001
+91-9836325999
Email - hello@wordlywise.co.in

ISBN : 978-93-94075-31-3

First impression (2024)

पहली उड़ान

Wordly Wise Publishers

कवयित्री की कलम से...

एक कतरा हूँ मैं काव्य जगत के सागर में,
सिर्फ़ निर्मल जल है मेरे मन की गागर में।

हम सभी जीवन की एक अद्भुत यात्रा पर हैं, जहाँ हर दिन एक नया अध्याय होता है, और हर अनुभव एक नया पाठ सिखाता है। इस यात्रा के दौरान, हम भावनाओं की अनगिनत लहरों में गुजरते हैं। कभी सुख की सुनहरी किरणों में चमकते है तो कभी दुःख की छाँव में आत्मा को परखते हैं।

इस संसार में एक चलचित्र की भाँति घटनाएँ घटित होती हैं और हम अपना पात्र निभाते जाते हैं।

हर अनुभव हमारी सोच में परिवर्तन ले आता है, जो धीरे-धीरे हमारे व्यक्तित्व को परिस्थितियों का सामना करना सिखाता है।

इस काव्य-संग्रह में उन भावनाओं को समेटने का प्रयास किया है, जो जीवन यात्रा की रंगीन और गहन अनुभूतियों का दर्पण हैं।

जब हम विचारों पर मनन करते हैं और आत्मा की गहराइयों में झांकते हैं, तो हम अपने आप को समझने और संतुलित रखने की कोशिश करते हैं। चिन्तन-मनन हमें अपने आप के समीप ले आता है।

इस पुस्तक में प्रस्तुत कविताएँ उन क्षणों की रचनाएँ हैं, जिन्होंने अंतर्मन की गहराइयों को स्पर्श कर जीवन के विभिन्न रंगों को शब्दों के माध्यम से व्यक्त किया है।

इस पुस्तक में शामिल कविताएँ मेरा कविता जगत में पहले प्रयास का परिणाम हैं। आशा करती हूँ कि ये कविताएँ आपके दिलों को छू सकेंगी और हमारे अनुभवों के पुल को मजबूत कर सकेंगी।

आपकी प्रतिक्रियाएँ मेरे लिए अमूल्य होंगी और मैं उम्मीद करती हूँ कि आप इन कविताओं की सराहना करेंगे और उन्हें अपने जीवन की यात्रा में एक साथी मानेंगे।

धन्यवाद

डॉ. संगीता प्रूथी
pehli.udhaan@gmail.com

आभार

सबसे पहले सर्वशक्तिशाली ईश्वर को प्रणाम है, जिनके आशीर्वाद से आज ये विचार आप सबके सामने प्रस्तुत कर पायी हूँ।

मैं अपने पति, डॉ. पी.के. प्रूथी को दिल से धन्यवाद देना चाहती हूँ। उनके समर्थन और प्रोत्साहन ने मुझे कविताओं की इस अद्भुत दुनिया में कदम रखने के लिए प्रेरित किया। उनका मेरी रचनात्मक यात्रा में विश्वास ही मेरे लिये बहुत बड़ी प्रेरणा रही है।

मेरे गहरे आभार की भावना राघव, ईशानी, दीप, नूपुर और रेयांश के प्रति है, जिनके प्यार, प्रोत्साहन और समर्थन ने इस यात्रा को संभव बनाया।

मैं लेडी हार्डिंग मेडिकल कॉलेज के 1980 बैच के अपने सहपाठियों की भी आभारी हूँ। उनका निरंतर प्रोत्साहन और समर्थन इस यात्रा की आधारशिला रहे हैं, और मैं बहुत कृतज्ञ हूँ।

मैं वर्ल्डली वाइज पब्लिशर्स को भी अपनी गहरी कृतज्ञता व्यक्त करना चाहती हूँ, जिन्होंने इस पुस्तक को जीवंत रूप देने में अपनी निष्ठा और विशेषज्ञता का प्रदर्शन किया।

इस यात्रा में मुझे समर्थन और विश्वास देने वाले सभी सज्जनों को मेरे दिल की गहराइयों से धन्यवाद।

धन्यवाद
डॉ. संगीता प्रूथी

प्रस्तावना

किताब का नाम – 'पहली उड़ान' – जैसे ही सुनाई देता है, यह हमारे दिलों में उम्मीद और खुशियों का बीज बो देता है। डॉ. संगीता प्रूथी की यह काव्य-रचना पाठकों को एक नयी दृष्टि से जीवन को देखने का निमंत्रण देती है। इस पुस्तक में सम्मिलित कविताएँ हमारे आसपास की रोज़मर्रा के जीवन की साधारण सी बातों को भी ख़ूबसूरती से उकेरती हैं। इस भाग-दौड़ भरी दुनिया में, जहाँ हर कोई अपनी समस्याओं और चिंताओं से जूझ रहा है, डॉ. प्रूथी का उद्देश्य है हमें जीवन के सरल और आनंदमयी पहलुओं की ओर ले जाना।

उनकी कविता में जीवन की सामान्य बातों को एक नई ताजगी और सौम्यता के साथ प्रस्तुत किया गया है, जो न केवल हमारे मन को सुकून देती हैं, बल्कि हमें जीवन की सादगी और सुंदरता का स्मरण भी कराती हैं। यह पुस्तक, पाठकों को जीवन के उन अनछुए और अनकहे पलों की ओर ले जाती है जो अक्सर हमारी दृष्टि से ओझल हो जाते हैं। डॉ. प्रूथी के शब्दों में वह शक्ति है जो किसी भी पाठक के चेहरे पर मुस्कान ला सकती है और उसे प्रेरित कर सकती है कि वह जीवन के इस अनमोल तोहफे की कदर करें।

एक प्रकाशक के रूप में, डॉ. संगीता प्रूथी के साथ मेरा हर संवाद हमेशा हँसी और उत्साह से भरा रहा है। वह ठीक अपनी कविताओं की तरह ही हैं – ताज़गी से भरी एक प्यारी बयार के समान। इस पुस्तक की रंगीन चित्र-प्रस्तुति भी डॉ. प्रूथी और वर्डली वाइज़ पब्लिशर्स की टीम द्वारा विशेष रूप से चुनी गई है ताकि यह किताब, लेखिका के व्यक्तित्व जितनी ही ख़ुशनुमा और जीवंत लगे। 'पहली उड़ान' के माध्यम से, डॉ. प्रूथी ने यह सिद्ध किया है कि छोटे-छोटे क्षणों में भी अपार खुशियाँ छिपी होती हैं, बस हमें उन्हें देखने का नज़रिया चाहिए। यह किताब हर पाठक के जीवन को एक नया और मधुर अनुभव प्रदान करेगी।

चाँदनी माथुर

प्रकाशक

वर्डली वाइज़ पब्लिशर्स

विषयसूची

बहुत लोग दूसरों को अपने फायदे के लिये
इस्तेमाल कर के भूल जाते हैं।
ऊँचाई छूने के बाद वो मददगार मित्रों का तिरस्कार करते हैं।
और कुछ लोग ऐसे होते हैं जो यह सब जानते हुए भी
ज़रुरतमंदों की मदद करते हैं।
शायद ऐसे लोग कम हैं, पर वास्तव में वे ही महान
और सच्चे इंसान हैं।

पेड़ और लता

एक पहाड़ी के ऊपर पेड़ आसमान छू रहे थे
उनकी छत्रछाया में बहुत से जीव रह रहे थे
एक बहुत ऊँचा पेड़ था लगता सबसे अलग
अपने में ही वो मस्त था, औरों से था जुदा

बाकी पेड़ रात-दिन बातें करते शोर मचाते
अपनी-अपनी शाखाओं को हवा में वो लहराते
ऊँचा पेड़ सोचता रहता कब मिलेगा कोई उसे
जिसकी बातें सुनकर वो मुस्कुराए और मंद-मंद हँसे

एक दिन नीचे से किसी ने पुकारा शर्माते हुए
अगर अनुमति हो तो मैं आपसे लिपट जाऊँ
कुछ ऐसा-वैसा न आप मुझे समझना
इच्छा है कि आपकी दोस्ती का हाथ पाऊँ

ज़रा सा सहारा चाहिए फिर मेरी पहुँच देखना
मजाल है कि पकड़ छोड़ दूँ, थोड़ा और बढ़ने देना
शरीर कोमल है मेरा पर दिल में एक उमंग है
सब तरफ मुझे ही देखोगे, अभी मेरे हौसले बुलंद हैं

पेड़ ने नीचे देखा तो एक छोटी सी लता थी
वो उसे बाकी लताओं से कुछ-कुछ अलग लगी
उसने शाखा हिला कर मित्रता स्वीकार की
लता तुरंत अपनी मंजिल की तरफ बढ़ने लगी

सब अनुकूल मिला और जल्द ही लता ऊँचाई छूने लगी
वो पेड़ को भूल गई और अपनी ही बढ़ाई करने लगी
अहंकार में वो यह भूल गई कि उसको सहारा किसका मिला
पेड़ की तो फ़ितरत में मदद थी उसको नहीं था कोई गिला

पेड़ सालों-साल से वहाँ पर ऊँचाई छू रहा था
कितनी ही लताओं को आसमान तक छोड़ कर आया
ऊँचा होते ही सबकी नीयत और स्वभाव बदलते देखा
पर फिर भी वो अपने गुणों को बदल न पाया

जीवन एक यात्रा है, जो हर इंसान को तय करनी है। पल-पल में अनेकों परिवर्तन होते हैं। हर परिस्थिति में हमें धैर्य रखना चाहिए और इस अनमोल जीवन भेंट का लाभ उठाना चाहिए।

यात्रा

पहला सफ़र था रेलगाड़ी का
बहुत बेकरारी भी थी नए अनुभव की
गाड़ी चली धीरे-धीरे सम्मोहित करते
हमें खिड़की की तरफ मोहित करते

स्टेशन शहर और दुकानें ओझल हो गये
अब खेत-खलियान और पेड़-पौधे दिख हैं रहे
जब तीव्र गति पकड़ी तो लगा कि सब स्थिर हो गया
और हमें अपने आगे बढ़ने का एहसास कम हो गया

लगा कि हम तो वहीं रुके हुए हैं और
दुनिया अपनी गति से भागती जाती है
कितनी ही बड़ी और सुन्दर दुनिया है
और हम सब अपने विचारों में कैद हैं

दूर एक बिंदु सा पास आता दिखता है
झाड़ी से पेड़ बनकर बड़ा होता जाता है
यकायक इतना बड़ा आकार ले लेता है
फ़िर जैसे आया था वैसे ही चला जाता है

बहुत बड़े से छोटा आकार फिर सूक्ष्म
और लो देखो यह तो गायब हो गया
यह तो जैसे हर एक जीवन का है किस्सा
सुख-दुख इस जीवन का है अभिन्न हिस्सा

कोई भी घटना चाहे अच्छी हो या बुरी
छोटी से बड़ी और फ़िर बड़ी से छोटी होती है
समय अपनी गति से चलता ही जाएगा
यात्रा का आनंद लेंगे तो समय अच्छा बीत जाएगा

ऐसा कहा जाता है कि हर किसी के जीवन का एक मक़सद होता है। जीवन की यात्रा में जब तक वो मक़सद पूरा नहीं हो जाता ऐसा लगता है कि यात्रा अभी अधूरी है। जीवन की असली ख़ुशी देने में हैं, क्योंकि इस संसार में से कोई कुछ भी नहीं ले जा पाता।

आम की गुठली

सोच-सोच मन विचलित हुआ
अब क्या होगा कब क्या होगा
दोस्ती कर ली थी उसने अँधेरे से
और प्यार हो गया उसे अपने बसेरे से

अचानक अनोखी सुनाई दी आवाज़
उसके मन में बजा एक सुन्दर साज़
शायद था एक बड़ा सा भूखा बंदर
आम खा के उसे देख रहा वो अंदर

अचानक गिरा वो ज़ोर से ज़मीन पर
सोचने लगा कि अब उसका क्या होगा
मिट्टी उड़ी और उसको अच्छे से ढक गई
पानी बरसा और उसकी प्यास बुझ गई

उसके अंदर जाने कैसी हुई हलचल
कुछ जड़ें निकलीं और वो स्थिर हुआ
उसे सूर्य ने बुलाया प्यार से हँसते-हँसते
उसकी कोमल शाखा करनी लगी नमस्ते

वो धीरे-धीरे रोशनी की तरफ बढ़ चला
पाँवों को जगह मिली, हो धरती का भला
टहनी, पत्तों, फूलों ने बनाई सुन्दर काया
देने लगा सबको वो अपनी घनी छाया

अब वो भी फलों से लदा एक पेड़ है
सब उसके फलों को खा तृप्त हो जाते हैं
उसकी जीवन यात्रा ने पाया सही ठिकाना
उसने देते रहने के सच्चे सुख को पहचाना

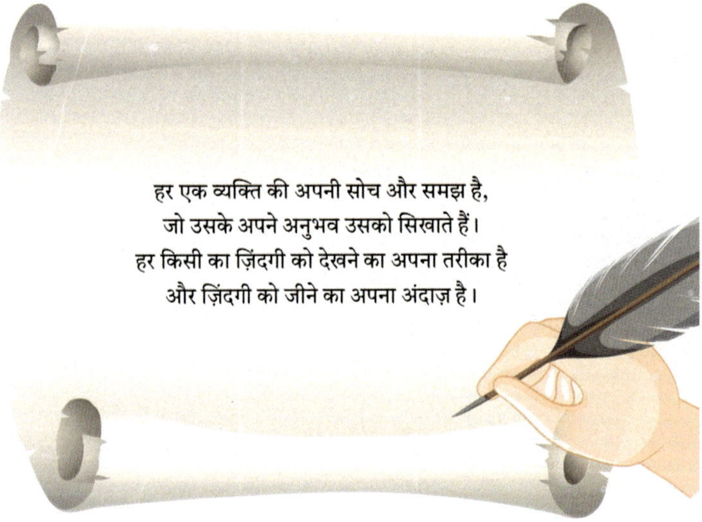

हर एक व्यक्ति की अपनी सोच और समझ है,
जो उसके अपने अनुभव उसको सिखाते हैं।
हर किसी का ज़िंदगी को देखने का अपना तरीका है
और ज़िंदगी को जीने का अपना अंदाज़ है।

अपना-अपना नज़रिया

एक कामकाजी महिला की व्यस्त ज़िंदगी
हर रोज़ ऑफिस और बाज़ार को जाना
टिप-टॉप बन कर निकलना, गाड़ी की चाबी हाथ में
बढ़िया कपड़े पहने लिया महँगा पर्स कांधे पर
होंठों पर लाली लगा कर आँखों पर काजल खींचे
हाई हील की जूती और सारी दुनिया उसके नीचे

घरेलू पड़ोसन को देख कर सोचा
लो ये क्या... रात के कपड़ो में है
शायद रसोई देर से निपटा पाई होगी
और परिवार के कपड़े धो रही है अभी तक
शाम हुई वापसी पर वो फ़िर मिली
उसी तरह घर का काम करते हुए

सोचा बेचारी की भी कोई ज़िंदगी है
जब देखो काम और बिलकुल नहीं आराम
हम कामकाजी महिलाओं की देखो शान
कुछ दिनों बाद एक अच्छा मौक़ा मिला
दोनों को साथ बैठने और बतियाने का
एक-दूसरे को समझने-समझाने का

घरेलू पड़ोसन प्यार से बोली
आप को देख कर बहुत तरस आता है
न आपको घर में है चैन और बाहर भी हो बेचैन
न तो परिवार का पूरा ध्यान रख पाते हो
और न ही अपना, हर समय चप्पल घिस रहे हो
आप तो बहुत ही बेचारे हो

महिला हक्की-बक्की रह गई और सोचने लगी
जाने कौन बेचारा है हम दोनों में
दोनों ही अपनी ज़िम्मेदारियों में व्यस्त हैं
परिस्थितियों के अनुसार काम किए जा रहे हैं
और अपने को खुश रखने की कोशिश में हैं

यह अपना-अपना नज़रिया है, या फ़िर
एक-दूसरे को देखने का नज़रिया है।

किसी भी लक्ष्य को पाने के लिए मन में एक निश्चय होना चाहिये। एक नारी के लिये यह कार्य कभी-कभी सामाजिक कारणों से अधिक कठिन हो जाता है, पर यह देखा गया है कि अगर एक स्त्री कुछ करने की ठान ले तो वो उसे पूरा करने का बहुत प्रयत्न करती है।

क्या वो कर पाएगी

दूर आसमान को अपनी तरफ झुका देख
धरती थिरक-थिरक कर चली उस ओर
मंद-मंद मुस्काते हुए
अपने सौंदर्य को फैलाते हुए
पर क्या वो उसको मिल पाएगी?

बहुत बाधाओं के बाद वह पहुँची सुदूर
फ़िर भी पाई उसने अपनी मंज़िल अति दूर
आगे बढ़ती है धरती उसे छूने के लिए
पर अपनी कोशिश नाकाम है पाती
क्या वो हार मान जाएगी?

उसकी मंज़िल है उसके सामने
पर वो वहाँ तक नहीं है पहुँच पाती
है वो अब चिंतित और अशांत
क्या वो अपनी विवशता समझ पाएगी
और वो वहीं पर ठहर जाएगी?

धरती भी दृढ़ है अपने विश्वास पर
वो फिर उठ कर चल देती है
नामुमकिन को मुमकिन करने
असंभव को संभव करने
क्या वो अपने उद्देश्य को पूरा कर पाएगी?

क्या यह अचला हठ है या नादानी
ये जो कोशिश है आसमान को छूने की
ये जो अपने असाध्य लक्ष्य को पाने की
यही तो वास्तव में एक स्त्री का व्यक्तित्व है
जो अनन्त, असीम और प्रबल है

उसने पराजित होना नहीं सीखा
उसने हताश होना नहीं सीखा
वो जानती है कि जब तक वो
उठ कर आगे चलती जाएगी
वह असफल नहीं मानी जाएगी

वो फिर उठती है, चलती है, इस निश्चय से
मिलेगी वो एक दिन अपनी मंज़िल से
उसके मन में फिर से उम्मीद जगती है
फ़िर से वो इठलाते हुए चलती है
उसे विश्वास है उसकी मेहनत ज़रूर रंग लाएगी

हाँ, और वो अपने सपने ज़रूर पूरे कर पाएगी

इस संसार में खुश रहने के लिये बहुत बातों को
अनदेखा करना पड़ता है।
कभी-कभी इंसान को अपने सामने दिखती हुई
नाइंसाफ़ी को नज़रअंदाज़ करना पड़ता है।

अनपढ़ दिल

सब कहते हैं खूब पढ़ो-लिखो
और अपनी पहचान बनाओ
पढ़ाई से हिसाब-किताब आएगा
कोई तुम्हें बेवकूफ़ नहीं बना पायेगा

बहुत उत्तम शिक्षा पाई
और नाम भी अच्छा कमाया
देर से ज़िंदगी में होश आया
तो समझ में कुछ और आया

शायद पढ़ाई सिर्फ किताबी नहीं थी
जहाँ सबक सीख कर इम्तेहान थे देने
सीखने तो ज़िंदगी के उतार-चढ़ाव थे
और लोगों के अनेक चेहरे थे पढ़ने

कोई अच्छा और कोई खराब
किसी को दिया किसी से लिया
रोज़मर्रा कमती-बढ़ती का हिसाब
इसी सब ने किये रिश्ते बेनक़ाब

बहुत सोचने पर विचार आया
दिमाग को तो दो बहुत पढ़ने
पर दिल को अनपढ़ ही रखो
उसको लेनदेन मत दो सीखने

नहीं पढ़ेगा अगर दिल सबका
तो गणित नहीं सीख पाएगा
भावनाओं को समझने में वो फिर
कोई मोल-तोल नहीं कर पाएगा

जब ये नफा-घाटा नहीं समझेगा
और सब को एक समान पाएगा
शायद तब ये मासूम अनपढ़ दिल
रिश्तों में हमेशा खुश रह पाएगा

समय कैसे बीत जाता है पता ही नहीं चलता।
बच्चों से वरिष्ठ नागरिक बनने का सफ़र बीतने के बाद कुछ पलों
का ही महसूस होता है।
मन कभी भी वृद्ध नहीं होता, शायद बुद्धिमान हो जाता है और मन
का बचपना हमेशा ही कायम रहता है।

क्या मैं बड़ी हो गयी हूँ

कल किसी ने कहा कि मैं बड़ी हो गई हूँ
मैंने भी सोचा और गौर से देखा
कि अब मैं सुनी बातें अनसुनी कर देती हूँ
वही सुनती हूँ जिनका मुझे प्रतिकार ना करना पड़े

वही रिश्ते नाते और दोस्त हैं व्यवहार भी है वही
पर जो पहले नहीं दिखता था अब दिखता है साफ़ सही
लगता है कि आँखों के पर्दे उतर कर कानों में आ गए हैं
अब जीवन की जटिलता का मुझे पता लगने लगा है

भौतिक वस्तुओं से ज़्यादा भावनाओं को समझती हूँ
मुझे हर तरफ़ सब कुछ अच्छा लगने लगा है
हर समय प्रभु का नाम मुझे अपना लगने लगा है
मेरी प्रार्थना अपनों के अलावा परायों के लिए भी है

किसी के आँसू देख कर मैं भी रो देती हूँ
कुछ कर सकूँ तो अपने को ख़ुशनसीब सोचती हूँ
प्राकृतिक सौंदर्य को देख कर मुस्कुराती हूँ
सब के दर्द को समझने की कोशिश करती हूँ

पर दिल तो मेरा वैसा ही मासूम है
बच्चों के साथ बच्चा बन जाती हूँ
दोस्तों के साथ ठहाके लगाती हूँ
शरारत करने के मौके ढूँढ़ती हूँ

बचपन के सारे खेल अभी भी प्रिय हैं
गोलगप्पे वाले को देख कर रुक जाती हूँ
मधुर गीतों के साथ मैं भी गुनगुनाती हूँ
ख़ुद को आइने में देख कर मुस्कुराती हूँ

क्या मैं सच में बड़ी हो गई हूँ
नहीं, जी नहीं बिलकुल भी नहीं
अभी तो मैं दिल से कोमल और मासूम हूँ
मैं अभी बड़ी नहीं हुई हूँ

ईर्ष्या एक ऐसा अभिशाप है, जो बुद्धि को भ्रष्ट कर देता है।
भले-बुरे की सोच खत्म हो जाती है और
मनुष्य स्वार्थी हो जाता है।

ईर्ष्या

गाँव था एक छोटा सा
लोग मिलजुल कर रहते थे
एक-दूसरे की बातें सुनते
और अपने दिल की कहते थे

ना कोई बहुत धनवान था
पर भूखा कोई न सोता था
चाहे कितने अलगाव हों
पर सुख-दुःख एक सा होता था

एक दिन एक सेठ शहर से आया
गाँव में आलिशान घर बनवाया
दूर से वो महल सा था दिखता
रात-दिन बस वही था चमकता

कुछ की आँखों में लालसा जागी
कुछ लोगों की चैन की नींद भागी
मैं भी तुम सब से कम नहीं
भूल गए सब, क्या गलत क्या सही

अपने घर को ऊँचा बनवाया
पड़ोसी को नीचा दिखलाया
मैं ही हूँ तुम सब से ज़्यादा सयाना
तुमने ही मुझे न पहचाना

धीरे-धीरे सब माहौल बदल गया
हर कोई दूसरे से जैसे चिढ़ गया
क्या इतना ही होता है भाईचारा
क्या ऐसे मित्र, रिश्ते मिलेंगे दुबारा

ईर्ष्या एक ऐसा है अभिशाप
पूरा जीवन कर सकता है बर्बाद
दूसरे की उन्नति से होइये प्रोत्साहित
पर न होइये कभी उससे सम्मोहित

समय कभी एक जैसा नहीं रहता, यह परिवर्तनशील है।
दुख और सुख इस जीवन का अहम हिस्सा हैं।
अगर दोनों को समान दृष्टि से देखा जाये तो
शायद इस जीवन में स्थिरता आ सकती है।

ख़ुशी और ग़म

जिस तरफ़ भी देखो तो यह है लगता
हर इंसान अपने अंदर है कुछ समेटा
कोई ग़मों के बोझ से है दबा हुआ
और कोई ख़ुशी से है हवा में उड़ रहा

लगता है कि ग़म और दुख हैं भारी
और खुशियाँ और सुख हैं हल्के-फुल्के
कभी तोल कर देखा है क्या किसी ने
कि इन दोनों में वज़न है किसका ज़्यादा

खुश आदमी हवाओं में है उड़ सकता और
दुख पैरों को पृथ्वी पर जमा के है रखता
भारी मन से तो कोई काम नहीं किया जाता
खुश मन मुस्कानों से कुछ भी है करवा पाता

खुशियाँ और ग़म दोनों ही रहते हैं दिल में
वक्त के साथ अपना रंग रूप हैं बदलते
हर्ष उल्लास को बाँटो वो बड़ जाएगा
वेदना को बाँटो तो मन हल्का हो जाएगा

जीभ एक छोटी सी बिना हड्डी की चीज़ है जो हिलते हुए नहीं थकती है। यह स्वयं तो बोलते हुए टूट नहीं सकती पर कटु शब्द बोल कर कभी भी दिलों और जज़्बातों को तोड़ सकती है।

चुप्पी

लगता है बोलना है एक बीमारी
चुप रहने में ही है बहुत समझदारी
कुछ प्रश्न करते हैं सबको परेशान
और उनके उत्तर कर देते हैं हैरान

चुप रहने से बहुत कुछ सुन पाओगे
बोलने से बस दिल की बात बताओगे
कम बोलने में बहुत है सबकी भलाई
वरना कहेंगे शब्दों ने ही आग लगाई

चुप रह पाना एक ज्ञान और वरदान है
बहुत बार इसी में सबका सम्मान है
चुप्पी एक युक्ति है हर समस्या से निकलने की
एक शिक्षक है इस जीवन को समझने की

सच बोलने और सुनने दोनों में है हिम्मत
क्या पता कौन चुकाएगा इस बात की कीमत
सच बोलने से हो जाता है दिल हल्का
पर सुनने वालों का क्यों पसीना है छलका

पर सोचो, बोलना है कितना ज़रूरी
न बोलो तो कितनी बढ़ जाती है दूरी
चुप रहने से झूठ के पर्दे नहीं उठ पाते
सच न हो पता तो अन्याय सहते जाते

इसलिए जब भी बोलो तोल कर बोलो
शब्दों से न करो किसी को कभी आहत
हमेशा मीठा, सच्चा और अच्छा बोलो
और अपने दिल के राज़ कभी न खोलो

कहते हैं कि मन के जीते जीत है और मन के हारे हार।
इंसानी मन बहुत गहरा है,
अनेक बातें और अनुभव अपने अंदर छुपा सकता है।
कोई नहीं जानता कि किसी के मन में
क्या समस्या और दुख है।
हमें कभी भी किसी का मन नहीं दुखाना चाहिये।

मन एक सागर

इंसान का मन है एक सागर
कौन जाने यह कितना है गहरा
रात में देखो तो लगेगा काला
सूर्य की किरणों में लगे यह सुनहरा

सब तरफ़ होता है सन्नाटा
जब मन होता है एकदम शांत
और जब यह है किसी कारण अशांत
तो हर तरफ़ जैसे है एक तूफ़ान

आपने जब इसमें पत्थर मारे
दिखीं सिर्फ़ कुछ विचलित लहरें
क्या मन की चीखें सुनी और
क्या दिखाईं दिये उसके घाव गहरे

सागर की देख विशालता
लगता है यह उन्मुक्त बेपरवाह
इस पर क़र्ज़ा है उन अनेकों नदियों का
जिन्होंने इसी में किया है धारा-प्रवाह

पत्थर मार कर घाव मत हरे करो
इसको अभी बहुत कर्ज़ चुकाने हैं
इसे धूप में थोड़ा लुप्त होना है
और बहुत से बाग़ान बसाने हैं

कहते हैं कि अभ्यास करते-करते मूर्ख व्यक्ति भी समझदार बन सकता है। जब आप एक कार्य को बार-बार दोहराएंगे तो उसमें निपुण हो जाएँगे, चाहे वो कार्य किसी की चुगली या शिकायत करना ही क्यों न हो। हमें चाहिये कि हम इंसानों में कमियाँ ढूँढने के बदले कुछ अच्छाइयाँ ढूँढें।

शिकायतें

आज फिर उसने शिकायत की
अपने माली से थी आज नाराज़
रोज़ एक नया इंसान चुनती थी
मैं जैसे बन गई उसकी हमराज़

पड़ोसी, पति, बच्चे, या हो घर के बड़े
कोई नहीं था उसकी शिकायतों के परे
किसी से परेशान कोई देर से आया
और किसी ने उसे दुख पहुँचाया

बहुत बार सोचा कि कोई समझाए उसे
कि अपने मन में भी झाँक लो ज़रा
क्या सारे लोगों के निशाने पर है वो
या फिर लोग हैं उसके निशाने पर

जैसा सोचो किसी के लिए
वो वैसा ही है बनता जाता
ज़रूरी है तो कीजिए सकारात्मक शिकायत
यह है सयानों की परखी हुई हिदायत

जिस चीज़ का ज़्यादा अभ्यास करो
उस में सफ़लता है ज़रूर मिलती
रात-दिन शिकायतों का अभ्यास करोगे
तो उसमें उस्ताद का स्थान पाओगे

जैसी दृष्टि वैसी ही है सृष्टि
कहते हैं गुरु सयाने और बुज़ुर्ग
जो सोचते हो वही मिलेगा
जीवन है सच में एक कल्प-वृक्ष

जीवन बीतता जाता है, समय कभी नहीं रुकता।
हम जीवन के कार्य करते जाते हैं और एक दिन पता लगता है,
कि जीवन की शाम हो गई है।
जीवन का सत्य उसके कभी न रुकने और न पीछे मुड़ने में ही है।
अगर इस सत्य को पहचान लें तो हमारा ज़िंदगी को देखने
और जीने का तरीका बदल जाएगा।

सुबह से शाम

कुछ देर पहले तो सुबह थी
न जाने कब शाम हो गई
अभी तो बहुत काम करने हैं
कितने ही सपने पूरे करने हैं

अभी तो कर्म करने की है अगन
पर यह शरीर तो अपने में ही है मगन
तीखी धूप में बनाई ऐसी कठोर काया
कि देखो चुभ रही है ठंडी छाया

यह जीवन है सिर्फ़ एक सुन्दर सपना
पता है कि कोई नहीं है अपना
हर कोई यह कैसे जाल में समाया
अजब है यह सर्व-शक्ति की माया

कोई भी यहाँ स्थायी नहीं है
हर किसी को है यहाँ से जाना
पूरा-अधूरा काम छोड़कर हो जाते हैं रवाना
और हर किसी के लिए बनता है कोई बहाना

कुछ कही-अनकही बातें ही जायेंगी
साथ सबके और कुछ नहीं जा पाना
सच्चा और सही जीवन उसी ने ही जिया
जिसने यह अमूल्य सत्य है पहचाना

समय कभी नही रुकता। इंसान जवान रहने और दिखने के लिए हमेशा प्रयत्न करते रहते हैं। बढ़ती उम्र में जवानी में बीते हुए समय की सराहना करते हैं। उम्र चाहे कुछ भी हो दिल हमेशा जवान रहना चाहिए।

जवानी-दीवानी

कभी समझ नहीं यह आई
कुछ ऐसी है ज़माने की रीत
हमेशा बहुत याद इसकी आई
जब गई यह अचानक बीत

शायद ये अंधी गूंगी बहरी है
हमेशा अपनी धुन में रहती है
कभी आग लगती है कभी पानी
तभी कहलाती है जवानी-दीवानी

पहाड़ों से है ऊँची, सागर से है गहरी
जैसे गर्म दोपहर या बारिश का तूफ़ान
कभी कठिन होता है संभालना इसे
और कभी बन जाती है बच्चे की मुस्कान

कभी है शबनम तो कभी शोला
हर एक का मन इसके लिये डोला
कभी है बिजली तो कभी बादल
चाहे तो कर सकती है सब कुछ हासिल

जवानी में होती है कई बार भूल
पर हर तरफ़ खिलते हैं फूल
फूलों की झुकी हुई है डाल
पता नहीं चलता कैसे गुज़रे वो साल

जवानी देश की रक्षा में हमेशा आगे
इसे देख कर चोर, बदमाश, डाकू भागे
हर कोई चाहता है होना इसके साथ
क्योंकि दे सकती है ये बड़े-बड़ो को मात

जब दो लोग एक साथ रहने के वादे करते हैं,
तो समय ही बताता है कि वो सच में दुख-सुख के साथी हैं
या फिर वो स्वार्थवश एक-दूसरे से जुड़े हैं।

सज़ा या इनाम

दोस्त ने अपनी शादी का बुलावा भेजा
चमकीले कपड़े पहन और इत्र लगा कर हम भी पहुँचे
वाह जी, कितना स्वादिष्ट और बढ़िया खाना
इतनी ख़ूबसूरत दुनिया और शानदार शामियाना

बेटा खाना खा के जाना हलवाई है बहुत अच्छा
हम ने सोचा कि हम तो आए उसी लिए हैं चाचा
पेट भर के खाया जब जगह न बची थोड़ी
तब सोचा नज़र उठा कर देखें दोस्त की जोड़ी

बीवी तो कमाल जबकि दोस्त है बुद्धिहीन
हमने सोचा क्या किस्मत, बीवी है कितनी हसीन
तभी एक विपरीत जोड़ा नज़र में आया
आदमी तो सही था पर बीवी का क्या बोलें

एक सयाने से पूछा बताओ ऐसा क्यों?
वो बोला शक्ल पर मत जा नादान
जब दोनों साथ रहेंगे तो ही पता चलेगा
कौन सज़ा है और कौन किसका वरदान

दोस्त हम सब के जीवन में एक महत्वपूर्ण भूमिका निभाता है। उसको हम चुन सकते हैं। सच्चा दोस्त बहुत किस्मत से मिलता है। हमें भी किसी का सच्चा दोस्त बनने की कोशिश करनी चाहिये।

दोस्ती

क्या यह सिर्फ़ एहसास है
या है यह एक ज़िम्मेदारी
क्या यह सिर्फ़ है एक दिखावा
या है यह एक मीठा छलावा

दोस्त नहीं है तुम्हारा चापलूस
या फ़िर रिश्तेदारों का जासूस
अगर गिरोगे तो दोस्त उठाएगा
सच्चा दोस्त तो गिरने से भी बचाएगा

सच्चा दोस्त सौ करीबियों पर है भारी
रखेगा तुम्हें मज़बूत, देखेगी दुनिया सारी
सच्ची दोस्ती न देखे जात-पात
मन होते हैं हमेशा एक-दूसरे के साथ

भाग्य से तुम्हें अच्छा दोस्त मिलता है
दोस्त जो तुम्हारी किस्मत बुन सकता है
तुम्हारे लिये वो इस दुनिया से लड़ लेता है
तुम्हारी भलाई के लिए तुमसे भी लड़ लेता है

दोस्ती का मूल्यांकन मत कर मेरे दोस्त
हीरे-पन्ने फ़ीके हैं जब दोस्ती में है ज़ोश
यह तो है सिर्फ़ एक विश्वास का बन्धन
तोड़ने से होगा कहीं अंतरात्मा का खंडन

दोस्त जानता है तुम्हारे सब राज़
ध्यान रहे कि बेवजह न हो वो नाराज़
जीवन की ऊँच-नीच है उसके साथ
चुनो उसे ही जिससे निभ सके साथ

अपनी तरफ ध्यान खींचने के लिए बच्चे तरह-तरह के कार्य करते हैं। कभी झूठ बोल कर या फिर कभी किसी की शिकायत कर ध्यान अपनी तरफ़ करना उन्हें आसान लगता है। उन्हें ऐसे अवगुणों से परिचित कराना परिवार के सदस्यों की जिम्मेदारी है।

शिकायती टट्टू

करता था बहुत शिकायतें नट्टू
सब बुलाते थे उसे शिकायती टट्टू
कद में था थोड़ा सा छोटा
और था थोड़ा सा मन का खोटा

माँ को बोले बहन ने बहुत डाँटा
दोस्त को बोले तूने चुभाया काँटा
मास्टरजी को बोले बच्चों ने दिया धक्का
नहीं बनता था उसका कोई मीत व सखा

एक दिन दादी ने उसे पास बिठाया
और जीवन का एक राज़ समझाया
बोली बिना वजह मत करो शिकायत
सृष्टि सुन लेगी, ऐसी दी हिदायत

लोगों की न करो चुगली बेवजह
अकारण न दिलवाओ किसी को सज़ा
जब असल में कोई तुम्हें परेशान करेगा
तब कोई तुम्हारा विश्वास नहीं करेगा

जब तुम अपना बदलोगे व्यव्हार
पाओगे सबसे बहुत सारा प्यार
सारी बात जल्दी समझ गया नट्टू
और उठा लिया खेलने के लिये लट्टू

किसी भी लक्ष्य को पाने के लिए मेहनत और निश्चय की ज़रूरत होती है। कोई भी कार्य जल्दबाज़ी में नहीं करना चाहिए बल्कि सोच-समझ कर करना चाहिए।

हृष्ट-पुष्ट

एक पतला-दुबला सा लड़का
बनना चाहता था हृष्ट-पुष्ट
माँ-बाप थे पतले उसके
पर भाई था उसका मोटा

शायद भाई ज़्यादा खाता है
यह सोच कर बहुत खाया
लो, शौचालय जा-जा कर
उसका कोमल दिल घबराया

किसी ने कहा व्यायाम करो
उसने बहुत दंड बैठक पेले
सारा शरीर उसका गया अकड़
हो गये कुछ नए झमेले

बताया सबने यह काम नहीं आसान
जल्दी ग़लत काम करे सिर्फ़ शैतान
पौष्टिक खाना, दूध फल खाओ
और करो कसरत योग नियमित

भाई भी करेगा प्रयास तुम्हारे साथ
दोनों सेहत बना कर तंदरुस्त हो जाओ
समय का उपयोग सही से करो
लक्ष्य बना कर उस को पाओ

दोनों ने मेहनत की ज़बरदस्त
समय के साथ बन गये तंदुरुस्त
जो भाई गोलगप्पा-पापड़ी थे कहलाते
अब हृष्ट-पुष्ट भाइयों के नाम से हैं जगमगाते

एक छोटी सी तितली की जीवनी हमें बहुत कुछ सिखा देती है। इन्सान जब कठिन परिस्थितियों से गुज़रता है तो उसके मन की सुन्दरता में निखार आ जाता है।

तितली

तितली रंग-बिरंगी
नशीली प्यारी सतरंगी
फूल-फूल पर है जाती
चुन-चुन रंग है लाती

छोटे-छोटे अंडे पत्तों पर
लार्वा बन जाएंगे
फिर वो पत्ते ही खाकर
प्यूपा बन जाएंगे

सही समय पर देखो कैसे
परिश्रम करके वो निकली
पंखो को मज़बूत करके
प्यूपा से एक सुन्दर तितली

अनेकों रंगों से सुसज्जित
और अति ही सुंदर रुप
छोटे पंख चमकीले लगते
जब पहुँचती है उनपे धूप

तितली के जीवन चक्र
को समझना है ज़रूरी
कठिन परीक्षा से गुज़रना
है हर इंसान की मजबूरी

जब मुश्किल हालात होते हैं
तभी मनुष्य निखरता है
और वो भी एक तितली जैसे
खूबसूरत रंग बिखेरता है

कोई भी व्यक्ति चाहे वो प्रिय हो या अप्रिय जब बहुत समय
आपके साथ रहता है, तो उसकी आदत हो जाती है
और जब वो दिखाई ना दे तो उसकी याद आती है।

लुक्का-छुप्पी

बहुत दिन से उसे देखा नहीं
उसकी कुछ आदत सी हो गई थी
मैं जब उसको परेशान होकर देखती थी
तब वो मुझे टकटकी से देखती थी

कभी खिड़की के शीशे से
कभी पर्दे के पीछे से
कभी तस्वीर के पीछे आधी छुप के
मुझे रोज़ दिखाई देती थी

उसके सुडौल जिस्म की फुर्ती
उसका मटकते हुए तेज़ी से चलना
उसका हल्का-हल्का भूरा रंग
मुझे नापसन्द थे उसके रंग-ढंग

वो मुझे कभी पसन्द नहीं आई
बहुत कोशिश की पर उसे भगा न पाई
जाने उसकी याद अचानक कैसे आई
शायद क्योंकि वो मुझे नज़र न आई

कभी सोचा नहीं था कि मैं उसे याद करूंगी
फिर भी आँखें क्यों उसको खोज रहीं हैं
खिड़की खोल के देखी अपनी गली
अरे, वो मस्त धूप में बैठी है वही छिपकली

सृष्टि के हर एक जीव को अनुशासन में रहना चाहिए।
तभी वो अपने अस्तित्व की रक्षा कर सकेंगे।

मधुमक्खी

मधुमक्खी-मधुमक्खी
छोटी तेज़ अनोखी सी
जल्दी-जल्दी यह है उड़ती
आवाज पंखों से है करती

पराग इकट्ठा है करती
फूल-फूल पर जाकर
फिर सब खुश होतीं हैं
बहुत सा शहद बनाकर

पेड़ों पर अपने छत्ते बनाती
एकजुट हो कर शत्रु भगाती
रानी का यह कहना मान कर
पास किसी को न आने देती

मीठा-मीठा शहद इनका
सबके मन को है ललचाता
पर काटे जाने के डर से
समीप नहीं है कोई जाता

श्रमिक जीवन की मिसाल
रानी रखती सबका ख़्याल
मेहनत करो और साथ रहो
ऐसा पाठ भी सिखाती

मीठा उगलने वाले जीव
छेड़ने पर मार सकते हैं डंक
हर किसी को सतर्क रहना चाहिये
चाहे वो राजा हो या कोई रंक

यह विशाल, संवेदनशील और अति सुन्दर सृष्टि
हमें जीवन के अनेक पाठ सिखाती है।
हमें अपने मन में विचारों और विकारों को समेट कर
नहीं रखना चाहिए।

बादल

मेघ जलधर और बादल
अचंभित करते प्यारे बादल
सफेद स्लेटी और काले
जब वर्षा ऋतु में हैं बरसते तो
पानी से भर जाते हैं नदी-नाले

अनेक आकारों के बादल
कभी हंस और कभी शेर
कभी चूहा मोर तो कभी हाथी
जैसा सोचो वैसा बन जाते हैं
साथ चलते हैं बन के साथी

रुई जैसे कोमल फूले बादल
पानी से भारी हो जाते हैं
ऊँचे पहाड़ों को स्पर्श कर
भावपूर्ण वे बरस जाते हैं
धरती की प्यास बुझाते हैं

बादल भारी होकर जब बरसे
प्रकृति का सौंदर्य निखर है जाता
साथ ही जीवन चक्र है चल पाता
और कितना विपरीत है कि मानव मन
भारी होकर अन्तर्मन को है तड़पाता

भारी मन को अनदेखा न कीजिए
उसे हल्का करने में ही है आराम
ऐसे दोस्त बनाइये जिन्हें छू कर
दिल का बोझ कम हो जाये क्योंकि
इसी में ही तो है सही कल्याण

आँखें इंसान की भावनाओं और विचारों का दर्पण होती हैं। ये दुनिया को देखने का ज़रिया हैं और बिना शब्दों के भी बहुत कुछ कह सकती हैं। आँखें कभी खुशी से चमकती हैं तो कभी ग़म में आँसू बहाती हैं। ये प्रेम, दर्द, इंतज़ार और उम्मीद का प्रतीक हैं। साथ ही, आँखों के ज़रिये मन के गहरे रहस्यों को भी समझा जा सकता है।

आँखें

आँखें तो गुलाम हैं दिमाग की
पर हर इल्ज़ाम खुद पर लेती हैं
बेआवाज़ आँखें सब देखती हैं
जज़्बाती होने पर बस रो देती हैं

दिल कहे तो आशिक ढूँढती हैं
जीभ बोले तो स्वाद ढूँढती हैं
अनदेखा करें तो आँखों की गलती
आँखें पलट जाए तो इंसान की गलती

पक्षपात तो उन पर लांछन है
वो बस देखती हैं होकर निष्पक्ष
कभी दिल चोर कभी नींद चोर
कभी आँखें दिखाईं और कभी लगाईं

कोई इनकी गहराई में डूबता है
कोई इन्हें जादूगर समझता है
कभी ये सवाल पूछें कभी जवाब दें
कभी पलकें झपका कर इशारा करें

कभी इंतजार में पथरा जाती हैं
कभी स्वागत में बिछ जाती हैं
जब मिलती हैं तो दिल जुड़ते हैं
और आँखें चुराने से दिल टूटते हैं

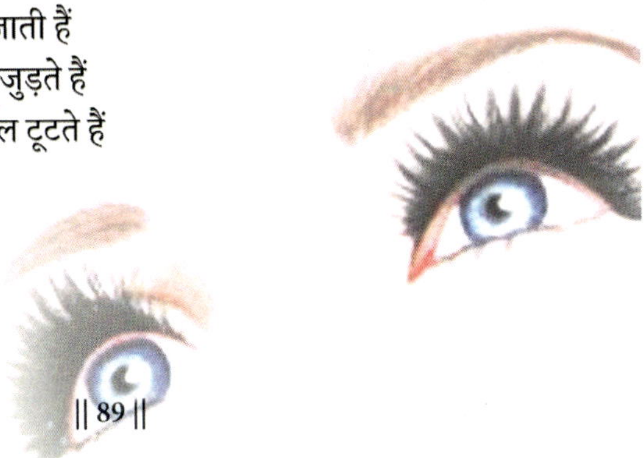

दो आँखें तो सबको दिखती हैं
अदृश्य है, तीसरी मन की आँखें
जो हमेशा सत्य ही देखती हैं
और बहुत तपस्या से मिलती हैं

त्वचा शरीर की बाहरी परत होते हुए भी भावनाओं और अनुभवों का दर्पण होती है। यह हमें बाहरी खतरों से सुरक्षित रखती है। त्वचा की स्थिति हमारे स्वास्थ्य और भावनाओं का भी प्रतीक होती है, जो कभी चमकती है तो कभी मुरझा जाती है।

त्वचा-एक रक्षा कवच

शरीर का सबसे बड़ा और रक्षक अंग
जिसके हैं कई प्रकार के गोरे भूरे रंग
जो कभी सुन्दरता का प्रतीक बन जाए और
कभी ये कामचोर मोटी चमड़ी कहलाये

कभी कोई इसको उखाड़ने की देता है धमकी
कोई इसको खींच के सजा देने की सोचता है
जब प्यार से सहलाई जाए तो ये है चमक जाती
कोई गुस्से से पकड़े तो ये लाल हो जाती

शरीर के सब अंग बहुत ज़रूरी होते हैं
पर भूलो नहीं कि त्वचा उनकी रक्षक है
न तो यह कुछ भी अंदर जाने है देती
न ही कुछ शरीर से बाहर आने है देती

चाहे कोई भी मौसम या जगह हो
यह अपना कर्तव्य कभी नहीं भूलती
कैसे भी हालात हों हमेशा साथ ही है देती
और हमेशा रक्षा कवच बन कर है रहती

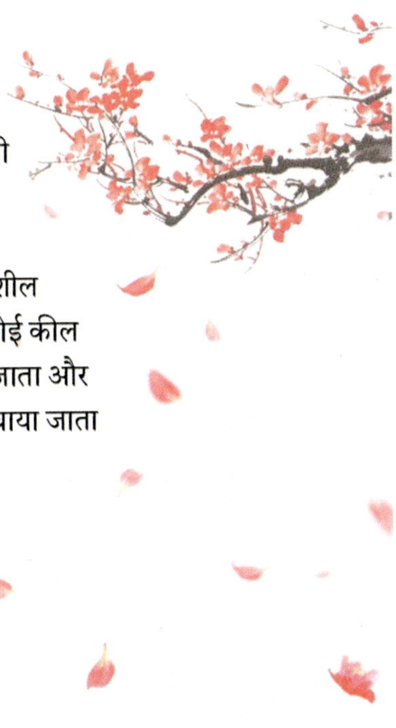

कभी रूखी,कभी चिकनी कभी संवेदनशील
बहुत दर्द होता है जब चुभती है इसमें कोई कील
सौंदर्य प्रसाधनों से इसे खूब सजाया है जाता और
तरह-तरह की क्रीम से सूर्य प्रकोप से बचाया जाता

तन में चमक देखनी है तो मन को साफ़ करो
सत्य का साथ देने में कभी किसी से न डरो
आन्तरिक सुंदरता झलकती है तब इस रुप में
जैसे चमकता हो शुद्ध सोना कड़कती धूप में

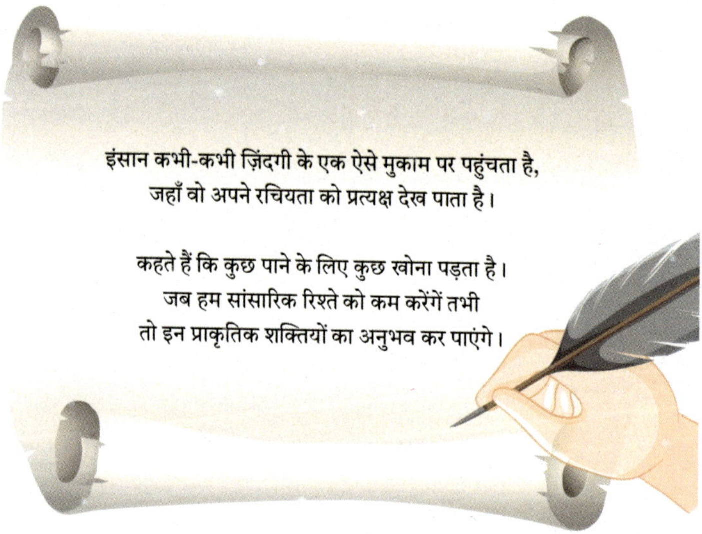
इंसान कभी-कभी ज़िंदगी के एक ऐसे मुकाम पर पहुंचता है,
जहाँ वो अपने रचियता को प्रत्यक्ष देख पाता है।
कहते हैं कि कुछ पाने के लिए कुछ खोना पड़ता है।
जब हम सांसारिक रिश्ते को कम करेंगें तभी
तो इन प्राकृतिक शक्तियों का अनुभव कर पाएंगे।

बंधन-मुक्त

कुछ इस मुकाम पर पहुँची है ज़िंदगी कि
अब कहीं आश्चर्य नहीं होता
तू पर्दों के पीछे छिपा है
पर मुझको है साफ़ दिखता

अब हवा के झोंके भी मुझसे बातें करते हैं
जब फूलों के पास से जाती हूँ
तो वो भी मन्द-मन्द मुस्कुराते हैं
नदी की लहरें धीमें से गुनगुनाती हैं

ऊँचे वृक्ष अपनी शाखाओं से गीत गाते हैं
आसमान में बादल मनपसंद चित्र बनाते हैं
यह सारी खूबसूरती मुझे अब ही कैसे दिखाई दीं
आपकी मधुर आवाज़ अब कैसे सुनाई दी

शायद सांसारिक बंधन कम किये
तो आँखों के पर्दे उतर गए
अब आपने हाथ जो है पकड़ा
तो बस अब यही एक अर्ज़ी है

अपनी कृपा बनाए रखना
और साथ कभी न छोड़ना
ओझल रह कर भी कभी
मुझसे अपना मुख न मोड़ना

हर व्यक्ति के मन में अनेक प्रश्न हैं।
इनके उत्तर पाने के लिए वो सारा जीवन बिता देता है।
कुछ प्रश्न इंसानी समझ के परे हैं।
जीवन की गहराइयों को समझ के जीना ही, तो वास्तव में जीना है।

क्यूँ... आखिर क्यूँ

क्यूँ इस ज़हन में सवाल आता है
क्यूँ हर फूल खिल के मुरझाता है
क्यूँ हम सब समय के ग़ुलाम हैं
क्यूँ लोग कुछ पल के मेहमान हैं
क्यूँ ख़ुशियाँ धन-दौलत पर निर्भर नहीं हैं
क्यूँ माँ के हाथ की दाल-रोटी मंदिर का प्रसाद है
क्यूँ जीवन का दूसरा नाम संघर्ष है
क्यूँ जीने के लिए मन को मारना सीखना चाहिये
क्यूँ आलोचना एक मार्गदर्शक है
क्यूँ गिर के उठना ही जीवन है
क्यूँ हम सत्य का साथ देने में हिचकते हैं
क्यूँ झूठ का हर तरफ बोल-बाला है
क्यूँ हम सब ये सत्य नहीं समझते कि
हर चीज़ का एक अंत है और
सिर्फ़ एक ईश्वर ही अनंत है।

मातृत्व एक अनुभूति है, जो हमें हर समय चारों
तरफ़ से अपने में समेटे हुए है।
प्रत्येक पल माता को समर्पित है क्योंकि वो
ही तो जन्मदात्री है।

यादें

होंठ मुस्कुराए और आँखों में नमी आई
आज मुझे अपनी माँ की बहुत ही याद आई
हवा के झोंकों में उन्होंने सहलाया
पर मैं तो उनको छू भी न पायी
लगा अभी तो थीं वो मेरे पास
पर यथार्थ से मन हुआ उदास

वो उनकी बातें याद हैं मुझे
वो खिलखिलाना वो मुस्कुराना
वो अपने जीवन की अनमोल बातें सुनाना
मुझे पास बिठा कर खाना-खिलाना
अपना सब दुख भूल कर मुझसे प्यार जताना
दुनिया के तौर-तरीकों को मुझे समझाना

कभी गुरू बनीं कभी मित्र बनीं
कभी मुझे बहलाया कभी समझाया
कभी मुस्कान से कभी आँख दिखा के
हमेशा मुझे सही रास्ता दिखलाया
कभी भी कोई गर्म हवा न लगने दी
अपनी ठंडी छाया में मुझे बिठाया

नन्ही बिटिया जब मुझे देख मुस्कुराई
उसकी आँखों में थी मेरी माँ की परछाईं
ये जो उनकी प्यार भरी बातों की यादें हैं
वो शायद उनसे किए हुए वादे हैं
वो जहाँ भी हैं, मन में मेरे है पूर्ण विश्वास
सुकून और खुशी हमेशा ही हैं उनके पास

मनुष्य के मन में जीवन यात्रा के प्रति तरह-तरह के विचार आते हैं।
वो चाह कर भी जन्म-मृत्यु और जीवन के अनेक रहस्य नहीं समझ
पाता है, इसलिए अशांत रहता है।
हमें कर्मयोगी बनकर इस जीवन का सामना करना चाहिये
और विकारों से दूर रहना चाहिये।

तलाश

यह इंसान का मन है क्यों उदास
इसको है किस चीज़ की आस
हर तरफ़ यह क्या है ढूँढता
सब कुछ तो है इसके पास

हर दिशा में है एक अलौकिक सौंदर्य
यह फिर भी इधर-उधर है भटकता
गहरी नदियों और ऊंची पहाड़ियों में
न जाने ये क्या कुछ है ढूँढता

क्या इसकी यह है फ़ितरत
कि वो सदा ही मायूस है
इतने खुश होने के कारण हैं
पर वो हमेशा आतुर चिंतित है

मन तो है नासमझ और नादान
इसको कहाँ भले-बुरे की है पहचान
दुनिया के कष्ट हैं इसे डराते
विपदाओं को देख यह है घबराता

मन को है बहुत समझाना
धर्म और सत्य का ज्ञान है दिलाना
जीवन के लक्ष्य नेक रख कर
सच्चा गुरु कर्मों को है बनाना

ईर्ष्या अहंकार को हटाओ
सब से सानिध्य को बढ़ाओ
ईश्वरीय शक्तियों पर विश्वास कर
शंका और भय को हटाओ

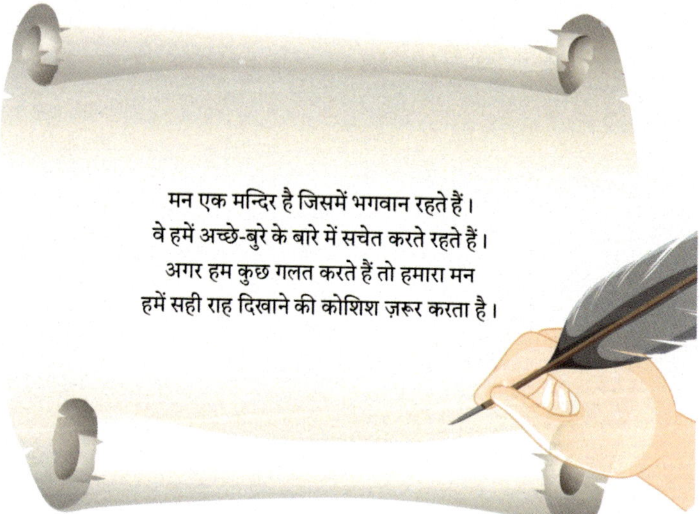
मन एक मन्दिर है जिसमें भगवान रहते हैं।
वे हमें अच्छे-बुरे के बारे में सचेत करते रहते हैं।
अगर हम कुछ गलत करते हैं तो हमारा मन
हमें सही राह दिखाने की कोशिश ज़रूर करता है।

क्या सही है

बैठे हैं मंदिर में पर ध्यान कहीं और है
सिंहासन चाँदी का और मुकुट है सोने का
मूर्ति कितनी भव्य और वस्त्र कितने सुन्दर
धूप-अगरबत्ती की खुशबू है मंदिर के अंदर

क्या ये वही मेरे घर वाले भगवान हैं
यहाँ भक्तों के हाव-भाव देखो
कौन कितना दान कर रहे हैं
एक-दूसरे से आगे-आगे बढ़ रहे हैं

एक छोटा सा मंदिर तो मेरे घर में भी है
उसमें बैठे हैं सब ज़रूरत पूरी करने वाले
सब कुछ तो उनका है दिया हुआ
पर उनका ऐसा शुक्रिया क्या कभी किया

सब कुछ तो उनसे ही है लिया
यह जीवन भी उनका है दिया
मैं मालिक को उन्हीं का दिया कैसे दूँ
उन्हीं की तो है यह सारी दुनिया

वास्तव में ईश्वर तो है सबके मन में
पर ढूंढते उन्हें हैं हम वन-वन में
यह कामना है कि प्रभु हमसे नेक कर्म करवाएं
और हम भूल से भी किसी का दिल न दुखाएं

जीवन एक पहेली जैसा है और कोई भी इसको समझ नही पाया।
मन को अगर नियंत्रण में रखें तो जीवन सही दिशा में चलता है।
अपने पर हमेशा विश्वास रखना, चलते रहना ही जीवन है।

जीवन का सार

बहुत अड़चन उलझन है जीवन में
क्या यह है सिर्फ़ हमारे ही मन में
देखो तो सब कुछ कितना बदल गया है
समझो तो जीवन आगे निकल गया है

चलेगा यह जीवन अपनी ही गति से
न रुकेगा-झुकेगा न वापिस आएगा
सिर्फ़ आगे चलना ही इसकी नियति है
वास्तव में यही तो जीवन की प्रगति है

चलते जाना है और सिर्फ़ चलते जाना
शायद ऐसा ही लिखा है विधाता ने
गिरना कभी उठना कभी संभलना
हमेशा आत्मसम्मान को कायम रखना

कड़ी धूप तेज वर्षा या हो छाया
हो चाहे टेढ़े-मेढे, ऊंचे-नीचे रास्ते
आगे बढ़ना ही तो सत्य में जीवन है
देखो नदियों ने भी यही गीत गाया

रास्ते हैं कठिन पर हमेशा है चलना
चाहे थकावट हो पर नहीं है रुकना
कोमल मन को रखो एकदम शांत
जैसे अन्दर बाहर सब तरफ हो एकांत

लक्ष्य मालूम हो या न हो
स्थिरता रखो एकाकी मन में
रास्ता बना कर उसपर है चलना
सिर्फ़ अपने से ही उम्मीद करना

लगता है कि भगवान इन्सान से अभी नाराज़ नहीं हैं, क्योंकि इस धरती पर नवजात बच्चों के जन्म का सिलसिला जारी है।

नवजीवन

लगता है भगवान अभी इंसान से निराश नहीं हुआ
शायद इसलिये जन्म-मृत्यु का खेल ख़त्म नहीं किया
बहुत जगह संसार में हो रहा है हर रोज़ अन्याय
एक ख़्याल आया कि क्या यह नवजीवन है न्याय

इतना असंतुष्ट लालची और अहंकारी है इंसान
फ़िर भी भगवान क्यों नहीं हुए उससे परेशान
पूछने पर प्रभु बोले बहुत कठिन है यह ज़िंदगी
और मेरी करी रचना में कैसे होगी कभी गन्दगी

कुछ लोग गलत राह पकड़ कर इम्तिहान देते हैं
कुछ लोग सही रास्ते पर सुकून और खुशियाँ पाते हैं
नर-नारी दोनों का लक्ष्य है कर्म जीवन
और सब पर उपकार है एक नारी का आजीवन

सक्षम, प्रबल, शक्तिशाली और चतुर है नारी
औलाद की रक्षा के लिये पड़ेगी सब पर भारी
और अगर एक नारी शिशु को जन्म न देगी
तो यह मेरी सृष्टि आगे किसके सहारे चलेगी

जब मैं हर समय, हर जगह नहीं हो पाता हूँ
कुछ काम एक माँ को देकर शांत हो जाता हूँ
और जब एक शिशु इस धरती पर जन्म है लेता
तो यह नवजीवन धरती को नयी उम्मीद है देता

मनुष्य को इस जीवन में विभिन्न परिस्थितियों का सामना करना पड़ता है, जो कभी-कभी एक ही पल में जीवन बदल सकती हैं। जाने-अनजाने रास्तों में सावधानी रखने से हम ख़तरों से बच सकते हैं। अगर हम सन्नाटे में उद्वेलन को महसूस कर सकें, तो शायद हम परिस्थितियों का सामना करने में समर्थ हो सकते हैं। अपने विचारों को अच्छी तरह परखने से हम स्वयं को समझने और सुधरने की राह दिखाते हैं।

सन्नाटा

कितना सुनसान स्थान है यह दिखता
सब तरफ़ है कितना शांत
न ही एक परिन्दे की आहट है
न ही दूर तक दिखता है इंसान

हर तरफ है एक खामोश सन्नाटा
तब हर तरफ था एक हाहाकार
विपरीत हालात हैं कुछ समय पहले से
अब सुरक्षित होकर सब बैठे हैं सहमे से

कुछ समय पहले यहाँ था भीषण तूफ़ान
जिसके कारण जीव-जंतु हुए बहुत परेशान
प्रकृति ने दिखाया अपना ऐसा प्रकोप
निडर इंसान बन गया एक पल के लिए डरपोक

जो ऐसे खतरों को पहचानता है
वो है बहुत सयाना और समझदार
समय रहते जो न समझे चेतावनी
हो सकता है उसका जीवन बेमानी

अनजाने कठिन और वीराने रास्ते
हैं इस जीवन यात्रा के इम्तिहान
पर असली परीक्षा तो तब है जब
अन्तर्मन में विचरता है एक इंसान

क्रोध एक तूफ़ान की तरह आता है और जीवन को
तहस-नहस करने की क्षमता रखता है।
संयम, समझदारी और मजबूत व्यक्तित्व वाला व्यक्ति हर
परिस्थिति को सम्भाल पाता है।

तूफ़ान

यहाँ इतनी ख़ामोशी क्यूँ है
लगता है कोई तूफ़ान आयेगा
क्या अस्थाई घरों को उड़ा जाएगा
क्या भावनाओं को ठेस पहुँचाएगा

हानि होगी तब जब घर होगा कच्चा
रिश्ते को कुछ न होगा अगर वो होगा सच्चा
दरारें कुछ आ जाएंगी जो समय से होंगी ठीक
और यह तूफ़ान दे जायेगा जीवन जीने की सीख

जब तूफ़ान आये तो अपने को सुरक्षित करो
जब मन विचलित हो तो उसको खामोश करो
तूफ़ान और क्रोध दोनों बीत जाएंगे
समय रहते अगर उनका समाधान कर पाएंगें

अपने ही मन से मन की बातें कर लो
किसी को तो अपने दिल की बातें सुनानी हैं
फिर उसे किसी तरह समझा बुझा कर
अपने चेहरे पर मीठी मुस्कान लानी है

तूफ़ान के रास्ते से हटना है समझदारी
मन नियंत्रित करके सीखो दुनियादारी
तेज़ गति वाला तूफ़ान राह सूनी कर देता है
क्रोधित मन तो ज़िंदगी ही सूनी कर सकता है

जीवन जियो प्यार से मुस्कुरा के
मत करो कोशिश इसे समझने की
तूफ़ान का नहीं पता वो कब आयेगा
पर झुक जाएगा अगर आप को मज़बूत पायेगा

नींद हमारे जीवन का महत्वपूर्ण हिस्सा है। यह हमारे शरीर में ऊर्जा भर देती है और हमें स्वस्थ रहने में सहायता करती है।

एक लंबी रात

अंधेरी रात भी लगती है ख़ूबसूरत
जब इंसान को हो नींद की ज़रूरत
रात न आती तो दिन कैसे समाप्त करते
विश्राम कर ऊर्जा अपने में कैसे भरते

कल रात ठीक से नींद न आई
और सुबह शरीर में शक्ति नहीं पायी
मन करता है कि बस कुछ भी न करूं
पर कितने ज़रूरी काम करने हैं शुरू

सारा जिस्म एकदम थका हुआ है
मन भी अकारण मायूस हुआ है
करवटें ले-ले कर रात किसी तरह बिताई
हर तरफ़ अज़ीब आवाज़ें देतीं थीं सुनाई

कुत्तों के भौंकने की आती रही आवाज़
पेड़ पर उल्लू ने बजाया अपना साज़
दूर सड़क पर एम्बुलेंस की आवाज़ आयी
और पास ही चौकीदार ने सीटी बजायी

दिन में तो फ्रिज कभी इतना न बोला
लगा दरवाज़ा किर्र-किर्र कर के खुला
खिड़की भी अपने आप खुल जाती थी
पर्दे का हिलना धड़कन बढ़ा जाती थी

तकिया बदला और जगह बदली
पानी पिया दवा खाई लोरी गाई
प्यार से बुलाया थोड़ा सा धमकाया
पर नींद महारानी बिलकुल न आयीं

बहुत ही लंबी होती जाती थी रात
याद आती गईं हर एक भूली बात
नींद आ जाती तो बहुत कुछ भूल जाते
जागे हुए पुरानी यादें फिर से थे दोहराते

नींद है ईश्वर का एक सुन्दर उपहार
यह मिल जाए तो इंसान रहता है ख़ुशगवार
ईमानदारी से करो अपना हर काम
और निश्चिंत होकर करो सारी रात आराम

प्रकृति सबका पालन करती है, परन्तु कभी अधिकार नहीं माँगती। इस संसार में वास्तव में कोई किसी के अधीन नहीं है।

अधिकार

उससे नाराज़ हो किस अधिकार से
या फिर गर्वित हो अपने अहंकार से
क्या उसे प्यार से आवाज़ दोगे
या अपने दंभ में खुद को डुबा दोगे

सबका प्यार और यह सारा संसार
तो सिर्फ़ जताया करता है अधिकार
शायद यह है उनका अहंकार
जो इंसान नहीं करते स्वीकार

रिश्ते-नाते तो सिर्फ़ किताबों में हैं
असली जीवन तो सारा स्वार्थ का है
कौन कितना अधिकार जमा सकता है
या कौन किसके कितना अधीन है

सृष्टि सब का पालन करती है पर है निराकार
क्या कभी मांगती है यह अपना अधिकार
इस सृष्टि रचियता ने तो किया यह कमाल
नवजात को भी स्वतंत्र किया कटवा के गर्भनाल

जब इन बंधनों को तोड़ने की शक्ति मिलेगी
तब ही तो यह पहेली समझ में आएगी
आँखों से पर्दे उठेंगे और जीवन सत्य पहचानेंगे
शायद तब इंसान धरती पर दुबारा नहीं भेजे जाएंगे

मन के जीते जीत है और मन के हारे हार।
मन की दृढ़ता एक व्यक्ति को किसी भी मंज़िल
तक ले जा सकती है।

मन

सुख-दुख् तो खेल है हमारे मन का
जैसा कहता है वैसा सोचते जाते हैं
कभी तो हँसते-हँसते रोते हैं
और इसके कहने पर रोते हुए हँसते हैं

मन कभी चंचल कभी मासूम
पर है बहुत ही चालाक-चतुर
यकायक रंग बदल लेता है यह
जब चढ़ जाता है कोई फ़ितूर

मन प्रसन्न तो दुनिया सुन्दर संपन्न
मन परेशान तो सबको करे हैरान
मन क्रोधित तो ज़बान हो जाए बेकाबू
मन दुखी तो सारी दुनिया हो जाए वीरान

मन के अनेक हैं अनदेखे रंग
चाहने वालों को नचाता अपने संग
यह अगर किसी पर आ जाता है
दीन-दुनिया भूल कर उसका हो जाता है

मन को हमेशा खुश ही रखना
मत पड़ने देना इसमें कोई दरार
टूटा मन बहुत दर्द देता है
वीरान कर सकता है सारा संसार

समय परिवर्तनशील है, यह हमेशा बदलता रहता है।
पर यथार्थ और सत्य को कभी कोई बदल नहीं सकता।

बदलते चेहरे

इंसानी स्वरूप रहता है वही
रिश्ते बदल जाते हैं
किरदार तो रहते हैं वही
चेहरे बदल जाते हैं

बाग-बगीचे रहते हैं वही
ऋतुएँ बदल जाती हैं
ख़्वाब तो रहते हैं वही
समय ही बदल जाता है

कितना भी इकट्ठा कर लो
रह जाती है फिर भी कुछ कमी
कितना भी ऊँचा उड़ लो
काम तो आखिर में आती है ज़मी

कितना भी कठोर बिस्तर हो
नींद थके तन को है तुरंत आती
बचपन से बुढ़ापा आ जाये पर
लड़कपन की ठिठोली नहीं है जाती

स्वादिष्ट व्यंजन कितने खा लो
भूख तो मिटेगी घर के खाने से
कितना ही फ़ायदा हो झूठ बोलने में
सुकून तो है सच को अपनाने से

अच्छा होगा कि जल्दी से
हम इस सत्य को पहचानें
वरना जीवन दूभर हो सकता है
किसी न किसी बहाने

हर ऋतु का हमारे जीवन में कुछ ना कुछ महत्व है। वर्षा ऋतु जीवन जीने के लिए जल प्रदान करती है। हर एक इंसान अपने नज़रिए से वर्षा ऋतु को अनुभव करता है।

अगर आज बारिश हो जाती

अगर आज बारिश हो जाती
तो शायद वो यहीं रुक जाती
कुछ प्यारी सी बातें हो पाती
शायद जीवन की राह बदल जाती

अगर आज बारिश हो जाती
प्यासी धरती की प्यास बुझ जाती
कड़ी धूप में सूखे खेतों में व्यस्त
किसान के चेहरे पर मुस्कान आ जाती

अगर आज बारिश हो जाती
हर तरफ हरियाली छा जाती
पत्तों पर पानी की मोती जैसी बूंदे
धरती की सुन्दरता और बढ़ा जाती

अगर आज बारिश हो जाती
तो घर में पकौड़ों की महक होती
गीले कपड़े कमरे में एक रस्सी पर
और गरम चाय की प्याली हाथ में होती

अगर आज बारिश हो जाती
पगडंडी पर बहुत पानी भरा होता
स्कूल का रास्ता कच्चा है सोचकर
शायद बच्चों की छुट्टी हो जाती

अगर आज बारिश हो जाती
तो गली में पानी भर जाता
उसपर काग़ज की नाव चला कर
फ़िर से एक बार बच्चा बन पाती

अगर आज बारिश हो जाती...

ऋतुएँ बदलती रहती हैं, हर मौसम का अपना अलग ही अंदाज़ होता है। मौसम का आनंद लेना चाहिए क्योंकि यह भी कुछ समय के बाद बदल जाएगा।

बहुत ठंड है

क्या सुबह हो गई
पर रात जैसी क्यूँ लग रही है
कितने काम करने हैं
पर रज़ाई कितनी प्यारी लग रही है

सूर्य देव की चमक भी धूमिल है
शायद ठंडी से हैं वो भी परेशान
अभी जाग कर चमके वो तो
खिलेंगे जीव खेत और खलियान

ऋतुएँ तो बदलती रहती हैं
यही है सृष्टि का नियम
यह तो इंसान पर निर्भर है
कि वो कैसे रखता है संयम

आज इस ठंड के मज़े लो
कल इसे याद करेंगे
जब भीषण गर्मी पड़ेगी
तब इस ठंड की फ़रियाद करेंगे

हिम्मत करो मन मज़बूत करो
गरम-गरम चाय पियो
प्रभु के गुण गाओ
और काम पर शुरू हो जाओ

मीठा बोलने का कोई मोल नहीं है। यह बोलने वाले और सुनने वाले, दोनों को प्रसन्न कर देता है।

रिश्तों की मिठास

मीठा बहुत है गुड़ चीनी और शहद
पर सबसे मीठा है शायद सच्चा प्यार
सच्ची दोस्ती, सरलता और खुश संसार
यह मुश्किल मिले पर लाये सब तरफ बहार

बड़े होकर बहुत कुछ बदलता जाता है
रिश्तों की मिठास के बदले फीकी मुस्कान
बिना स्वार्थ रिश्ते किसी को याद नहीं आते
हँसी ठिठोली तो दूर, नज़र भी नहीं मिलाते

सब अपनी परेशानियों में घिरे हुए हैं
या फिर दूसरों को देख कर परेशान हैं
जो जिसके पास होता है वो वही देता है
परेशान इंसान कहाँ से खुशियाँ दे पायेंगे

कभी खिलखिलाती हँसी सच्ची लगती थी
अब तो मुस्कान पर भी शक होता है
यह बदलाव कब क्यूँ और कैसे हुआ
क्या समयधारा ने सब बदल दिया

भौतिक चाहत इंसानी रिश्तों पर भारी पड़ी
कम खाने के बदले कम किया मीठा बोलना
मीठा बोलने का लगता नहीं कोई मोल
बोल के देखिए इसके परिणाम हैं अनमोल

जब तक खाने में नमक की मात्रा सही होती है, तब तक कोई शिकायत नहीं होती और जब नमक कम या ज़्यादा हो तो पता चलता है। इंसान को अपना व्यक्तित्व ऐसा बनाना चाहिए कि जब वो आस-पास न हो तो उसकी कमी महसूस हो।

नमक

तीन अक्षर का शब्द है नमक
बना सकता है आपको वफादार
देखो एक चुटकी नमक का कमाल
खाने के स्वाद को बनाए ज़ोरदार

नमक हराम है वो जो देते हैं धोखा
नमक हलाल तो हमेशा बने मित्र व सखा
इसकी मिसाल देते हैं जब हो कोई हसीन
आकर्षक व्यक्ति कहलाता है नमकीन

अगर नमक और मिर्च दोस्ती कर लें
तो छोटी सी बात बड़ी हो है जाती
और अगर जले-कटे पर ये लग जाए
तो आँखों से अश्रु नदी है बह जाती

मिलता है यह समुद्र के खारे पानी में
जमीन में यह उगाया नहीं है जाता
हमेशा मर्यादा में रहना है हमें समझाता
मात्रा अधिक हो तो भोजन बेस्वाद हो जाता

नमक है ज़रूरी इस जीवन के लिये
जैसे गुरु है ज़रूरी मार्गदर्शन के लिए
नमक का अदा करना चाहिए कर्ज़
यह है हर एक इंसान का सच्चा फर्ज़

भूतकाल और भविष्य पर हमारा नियंत्रण नहीं है।
वर्तमान में जीना ही सच्चाई है। यही इस जीवन का सत्य है।

पुरानी हवेली

गाँव के रास्ते में थी एक पुरानी हवेली
सुनसान चुपचाप जैसे किसी के इंतज़ार में
बहुत बड़ी और काफी कीमती थी
जाने कैसे हो गयी इस बदहाल में

कभी यहाँ रौनक और महफिलें रहीं होंगी
संपन्न और खुशहाल परिवार रहा होगा
नौकर चाकर घोड़े और शायद हाथी
होंगे सब अपने मालिक के वफादार साथी

अब इसकी कोई देख-रेख नहीं है
दीवारों का रंग भी उतरा हुआ है
कहीं-कहीं तो ईंट पत्थर दिख रहे हैं
जंगली पौधे और घास-फूस उग रहे हैं

कुछ समय बाद निकली गाँव की तरफ
रास्ते में कुछ अच्छा बदलाव सा दिखा
वाह क्या चमक रही है वो पुरानी हवेली
जैसे झूला झूल रही हों पक्की दो सहेली

चहकते पक्षी, बहुत ही सुंदर फूल
लगा जैसे सुधर गई हो कोई भूल
हर तरफ है रोशनी और खुशहाली
नये मालिक कर रहे अच्छी रखवाली

समय हमेशा बदल ही जाता है
मुरझाए फूल फिर खिल जाते हैं
सुनसान रातें महफ़िल बन जाती हैं
और उदास आँखों में चमक आ जाती है

हर किसी का घर है उसका प्यारा निवास
लोग आते हैं रुकते हैं फिर चले जाते हैं
हर रात की एक सुनहरी सुबह होती है
और पतझड़ के बाद फूल फिर से खिलते हैं

कभी-कभी कुछ ऐसी यादें होती हैं जो बचपन की घटनाओं से जुड़ी होती हैं और बहुत प्रिय होती हैं।
उनको दोबारा से याद कर इंसान कोई भी समस्या का समाधान ढूंढ सकता है।

दादा जी का सिक्का

दरवाज़े की चौखट भी तोड़ दी गई
उदास दादा जी को लगा एक युग ख़त्म हुआ
नये घर को बनाने की है ज़रूरत
इसलिए पुराना तो तोड़ना ही पड़ेगा

चौखट से निकला एक पुराना सा सिक्का
दादा जी ख़ुश होकर सुनाने लगे उसका किस्सा
जब वो छोटे थे तो ये उनके दादा जी ने था दिया
मंदिर में भगवान की मूर्ति के पास से शायद लिया

उन्होंने उसे बहुत सम्भाल कर रखा
और कभी ख़र्च नहीं किया
एक दिन मन मचल गया मिठाई के लिये
सिक्का लेकर पास की दुकान चल दिये

इससे पहले कि वो इसे ख़र्च करते
दंगाई आए और वो डर के भागे
सब तरफ थे लोग, ख़तरा और शोर
किसी तरह घर पहुँचे वो दौड़-दौड़

जान की थी परवाह और छुप कर बैठे सब
और सिक्के का ध्यान न रख पाए वो तब
समय बीता और आसपास सुरक्षित हुआ
दादा जी बड़े हो गये बचपन छूट गया

आज जब सिक्का मिला तो उन्हें सुकून सा मिला
उनको लगा उनके पूर्वजों का आशीर्वाद मिला
अब घर के टूटने का नहीं था उनको उतना ग़म
इस सिक्के को नए घर के मंदिर में रखेंगे हम

नए रिश्ते बना कर पुराने मित्रों को भूलना नहीं चाहिए। वृक्ष कितना भी ऊँचा हो जाए, उसकी जड़ें पृथ्वी में ही होती हैं।

नया-पुराना

बहुत प्यारा लगता है वो मुझे
बहुत साथ निभाया मेरा उसने
मैं न भी करूँ उसकी परवाह मगर
मेरे साथ हमेशा चला बनके हमसफ़र

आज एक सफर का मौका मिला
मन मेरा खूब खुश होकर खिला
जाना है आज मुझे दूर सुन्दर देश
लगा कि सब को पहुँचे ये मेरा सन्देश

मैंने कपड़े और अन्य सामान निकाला
सोचा कि ले जाऊँगा एक नया सुन्दर बैग
तभी मैंने अपने वफादार की तरफ देखा
जैसे उसके चेहरे पर हो मुस्कान की रेखा

बहुत सोचा पर समझ नहीं पाया
कौन जाएगा साथ मेरे इस बार
क्या खरीद लाऊँ एक बैग शानदार
या साथ में जाएगा मेरा जोड़ीदार

मुझे कुछ इसकी हो गई है आदत–
वो तो जैसे करता है मेरी इबादत
उसके सुन्दर पहियें झूमते हैं
साथ में गीत गाते हुए घूमते हैं

मैंने छोड़ दिया नए का.ख्याल
मैं बदल जाऊँ उठता नहीं सवाल
जब तक मेरे में है कुछ समझदारी
मैं भी दिखाऊंगा अपनी वफ़ादारी

जीवन सफ़र में मिलते हैं बहुत रिश्ते-नाते
जो पुरानों से मिला नए शायद नहीं दे पाते
दुनिया को पहचानने में लगते हैं बहुत जन्म
पुराने मित्र साथ रहें स्वीकारो मेरा नमन

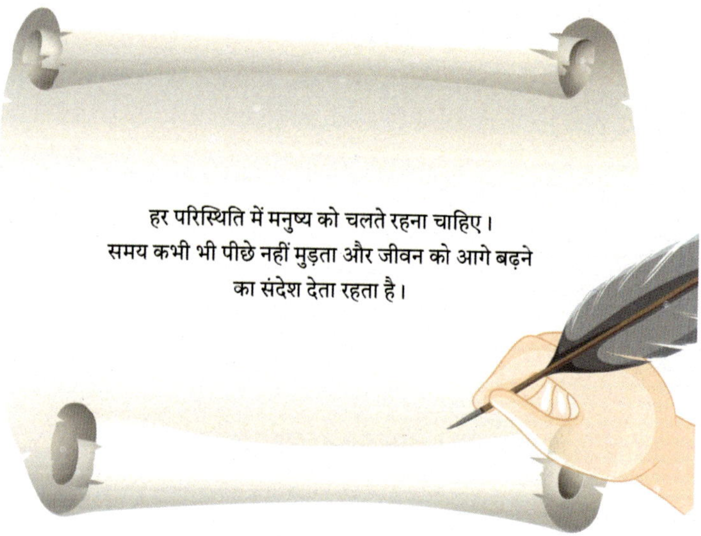

हर परिस्थिति में मनुष्य को चलते रहना चाहिए।
समय कभी भी पीछे नहीं मुड़ता और जीवन को आगे बढ़ने
का संदेश देता रहता है।

बढ़ते चलो

रास्ते हैं कठिन पर मुझे है चलना
थोड़ी थकावट है पर नहीं है रुकना
मन अब है मेरा एकदम शांत
अन्दर बाहर सब तरफ है एकांत

न पाने की चाह न खोने का डर
चाहे हो रोशनी या घना अँधेरा
कभी हारना कभी जीतना
पर हौसलों को कायम रखना

कभी मुश्किलें तो कभी सहूलियत
कभी सुखी तो कभी दुखी
हो कितने ही कांटों से भरे रास्ते
चलते रहना है हमेशा हँसते हँसाते

चाहे लक्ष्य मुझे मालूम नहीं
पर स्थिरता इस एकाकी मन में है
बस मुझे तो रास्तों पर है चलना
इस दीन-दुनिया से क्या है करना

जीवन एक ऐसा रहस्य है, जिसे समझना कठिन है।
पल-पल में इसमें बदलाव आ जाता है।
व्यावहारिक और मानसिक संतुलन सही जीवन जीने के
लिये अनिवार्य है।

ज़िंदगी एक पहेली

ज़िंदगी तो प्रकृति की है सहेली
यह है कभी न हल निकली पहेली
यह है बहुत ही अद्भुत और विचित्र
पल में बदल सकती है इंसानी चरित्र

कभी यह है हसीन नशीली और रंगीन
और कभी देखो कैसी भयानक और संगीन
दिखती एकदम सरल है पर है बहुत ही कठिन
हमेशा सतर्क रहना मत करना इसपर यकीन

पल-पल रूप-स्वरूप बदलता है इसका
इन्सान मूर्ख है बिलकुल नहीं समझता
समय के साथ जीवन तो है बदलता
साथ ही यह है रिश्ते-नाते भी बदलता

पक्के बंधन पल में हैं टूट जाते
और अनजान लोग समीप आ जाते
कुछ लोग देख कर अनदेखा हैं करते
और कुछ समझ के नासमझ हैं बनते

साधू-सयाने ये सब हैं जानते
और सच्चा ज्ञान दुनिया में हैं बाँटते
मत करो लोभ द्वेष और अहंकार
नेक काम करोगे तो पूर्ण रहेगा संसार

कैसे माया जाल में सब इंसान हैं उलझे
किसी से ये गुत्थी आसानी से न सुलझे
सच्ची मेहनत करके कभी थक मत जाना
और व्यर्थ चिंता में अमूल्य समय न गवाना

जब एक दिन किसी को पता लगता है कि शायद
उसके जीवन में समय कम है, तो उसके मन में
जीने की लालसा प्रबल हो जाती है।
उसको अपने अनेक अधूरे कार्य याद आते हैं।
ऐसे में जीवन का एक-एक पल अमूल्य हो जाता है।

ऐ ज़िंदगी

तू थोड़ी सी मस्त है
तू थोड़ी सी व्यस्त है
तू बहुत कठिन है पहेली
पर है तो तू मेरी सहेली

सूर्य को अस्त अभी मत करना
हौसलों को पस्त अभी मत करना
अभी तो बहुत उड़ानें बाकी हैं
अभी तो बहुत फ़साने सुनाने बाकी हैं

अभी तो जाना है बहुत दूर
दुनिया में देखना है ईश्वर का नूर
अभी तो बहुत है कर्तव्य निभाने
ज़िंदगी के दाव-पेंच हैं सीखने-सिखाने

माना कि मैंने नहीं किया तेरा सम्मान
पर तेरी ही वज़ह से है मेरी यह शान
आजकल तू है थोड़ी सी अस्त-व्यस्त
फिर भी है तू बहुत ही ज़बर्दस्त

सिर्फ एक और अवसर देदे मुझे
कभी शिकायत का मौका न दूँगा तुझे
फिर से एक बार जीना चाहता हूँ
हर एक छोटी बात पर हँसना चाहता हूँ

हर एक परिस्थिति को स्वीकार करके जीवन में प्रसन्न रहना
और अच्छे कार्य करना ही सृष्टि रचियता को नमन है।

जय-पराजय

चलो उठो आगे बढ़ो
सबसे आगे तुम्हीं रहो
बड़ो से बहुत बार सुना
और छोटो को बहुत सुनाया

उसको देखा इसको देखा
अपने को देखने का समय न पाया
हाँ सबको देखो मगर प्रेरणा के लिये
वरना जीवन पल यहीं व्यर्थ किये

क्या जीवन प्रतियोगिता है
यह कभी समझ में न आया
क्यों किसी से आगे रहने की चेष्ठा है
क्यों इसी में महसूस करते सम्मान हैं

यह अमूल्य जीवन जीने के लिए है
या फिर सबकुछ पाने के लिये
जीने के लिये कुछ साधन चाहिए
पर क्या सबसे बढ़िया चाहिए

चाहे कितना भी हो इंसान के पास
नहीं बुझती और पाने की प्यास
कभी हारना और कभी जीतना
हर समय करते हैं जीवन में प्रयास

जीवन नहीं है कोई प्रतियोगिता
जय-पराजय है जिसका परिणाम
हर पराजय मानो अनमोल सीख है
हर विजय है उस सीख का परिणाम

संध्या के समय पक्षियों का झुंड एक साथ अपने-अपने
घोंसले की तरफ चल देता है।
इंसान भी अपनों के साथ रहने में अपने को सुरक्षित
महसूस करता है।

मेरे अपने

शाम हो चली है हो गया अन्धेरा
पक्षी वापस पहुँचे जहाँ है उनका बसेरा
आसमान को छूते हुए ऊँचे वृक्षों में
हैं उनके छोटे-छोटे प्यारे से घर

उन सुन्दर घरों में नन्हें बच्चे
जहाँ नहीं है किसी का भी डर
चाहे टहनियाँ सूख रही हैं
और कभी-कभी चुभती भी हैं

नोक-झोंक भी चलती है यहाँ
पर निभाते हैं सब रिश्ते-नाते
मुश्किलों में साथ यहीं है मिलता
बातें कर दिल का बोझ होता है हल्का

शायद सभी के होते हैं
शानदार घरों के सुनहरे सपने
पर समय ने सिखला दिया
वहीं रहो जहाँ रहते हैं अपने

सकारात्मक जीने के लिये एक लक्ष्य आवश्यक है।
उसे केंद्र बना कर जीने से इन्सान भटकता नहीं है।
लक्ष्य पाने के लिए कठिन प्रयत्न करने चाहिएं
और अपने उद्देश्य पर ध्यान केंद्रित रखना चाहिए।

लक्ष्य

छोटे-छोटे कदम बड़ चलें तो मीलों तय हैं करते
थोड़ी-थोड़ी मेहनत करके ही कामयाब हैं बनते
एक ईंट ही तो ऊँची इमारत की शुरुआत है करती
छोटी लहरें इकजुट हो कर तूफ़ान हैं कर सकती

आस-पास ज़रा गौर से देखिये
जीवन जीने का सलीका सीखिए
प्रकृति न है रुकती न है झुकती
वो निरंतर अपने निश्चय पर है चलती

रुकना इस जीवन की नियति नहीं
चलते जाना ही है समय की पहचान
कर्म करते जाने में ही जीवन है जीवित
नाकारा लोगों से तो है हर कोई परेशान

रास्ते की उलझनों को देखोगे अगर
तो असली लक्ष्य की कैसे दिखेगी डगर
देखो अपने लक्ष्य को एकाग्रचित होकर
धुंधली हो जाएंगी समस्याएं घबराकर

इस जग में बनाओ कुछ अपनी पहचान
हम सब हैं इस नायाब धरती के मेहमान
जीवन जियो एक नेक लक्ष्य बनाकर
और जीवन सार्थक करो उस लक्ष्य को पाकर

एक गाँव का व्यक्ति जब शहर की व्यस्त दुनिया में पैसा कमाने आता है तो उसे दोनों जगहों में बहुत अन्तर दिखता है। ज़रूरतें पूरी करते हुए वो अपने करीबियों को धीरे-धीरे दूर पाता है पर उसकी मजबूरियाँ सब स्वीकार लेती हैं।

अपनी-अपनी दुनिया

हर किसी की है अपनी दुनिया
बड़े बुज़ुर्ग हों या फिर छोटी मुनिया
सब उसी में रहते हैं मस्त खुश
दूसरों जैसी समस्या नहीं है कुछ

एक है गाँव की ठहरी हुई दुनिया
मुन्नी के दूध खेल-खिलौने
मुन्ने की पतंग और पुलिया
माँ की तो रोटी और दही बिलौने

पिता जी के खेत और दोस्त सखा
दादा जी की पंचायत और हुक्का
दादी है गाँव के चौधरी की लुगाई
सारी बातें उनके दिल में हैं समाईं

सब का सुख-दुख है एक जैसा
सब हैं अपने कोई नहीं पराया
अलग रहते हैं पर हैं एक साथ
एक-दूसरे से करते हैं दिल की बात

एक है शहर की भागती हुई दुनिया
जहाँ कोई किसी को नहीं पहचानता
सब भाग रहे हैं बहुत ही जल्दी में हैं
पर क्यों हैं, यह कोई नहीं जानता

हर कोई तमाशा है दूसरों के लिए
बस एक ज़रिया है ज़रूरत का
पैसा कमाना है तरक्की करनी है
नया घर बड़ी कार, ज़रूरत पूरी करनी है

रिश्ते-नाते बहुत पीछे छूट गए
आँखों के आँसू भी सूख गए
कोमल मन भी कठोर हो गया
सारे राज़ दिल में ही दबा दिये गए

अकेलापन महसूस कर के स्वीकार लिया
परायों को ही अपना मान लिया
भागते शहर में खुद भी भागना होगा
नहीं तो गाँव का टिकट कटवाना होगा

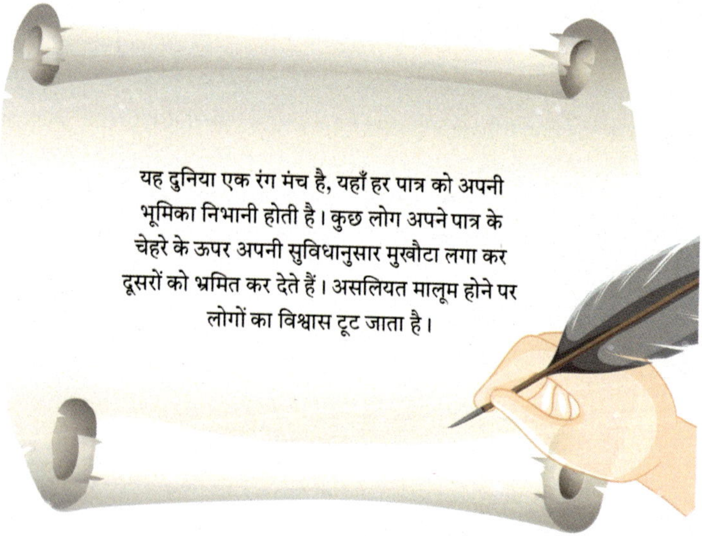

यह दुनिया एक रंग मंच है, यहाँ हर पात्र को अपनी भूमिका निभानी होती है। कुछ लोग अपने पात्र के चेहरे के ऊपर अपनी सुविधानुसार मुखौटा लगा कर दूसरों को भ्रमित कर देते हैं। असलियत मालूम होने पर लोगों का विश्वास टूट जाता है।

चेहरे पर चेहरा

बहुत दिनों के बाद वो मुझे मिली थी
अकेली परेशान और मायूस थी
कह रही थी कि उसके साथ धोखा हुआ है
अपने सारे दुःख-दर्द वो सुना रही थी

बोली कि इन हाल और हालतों के
जिम्मेवार मेरे सगे अपने ही हैं
जिन पर हो अत्यंत दृढ़-विश्वास
वही कर पाते हैं विश्वासघात

जब भी अति भक्ति देखो तो
एकदम सतर्क हो जाना
धोखेबाज़ों से सावधान रहना
उनके दिये घाव आहत करते हैं

दुःख सिर्फ़ इस बात का नहीं
कि मेरे हृदय के घाव करते हैं आहत
वज़ह है कि मन में अभी है
उन पुराने संबंधों की चाहत

चेहरे पर चेहरा था बहुत सुना
दोगले लोगों के बारे में भी था सुना
पर अब प्रत्यक्ष देख लिया
तो इंसानी कुटिलता पर अफसोस हुआ

लोगों पर विश्वास सोच-समझ कर करना
और किसी के विश्वास को कभी मत तोड़ना
जिस्म पर लगी चोट का घाव है भर जाता
पर रूह का घाव हमेशा हरा ही रह जाता

जिंदगी की कशमकश में एक इंसान के सपने और
व्यक्तित्व कभी-कभी बदल जाते हैं।
हमें चाहिऐ कि अपने अंतर्मन की सुनें और जीवन
में सही राह चुनें।

अंतर्मन

आज एक बहुत ही महत्वपूर्ण कार्य था
अनेक प्रयत्न करके यह मौका मिला था
कुछ को मूर्ख बनाया कुछ को लालच दिया
सबसे आगे बढ़ कर था यह कार्य उठाया

उसने अच्छे कपड़े पहनकर बाल सँवारे
अपनी सराहना के लिये आईना निहारा
अचानक यह क्या चमत्कार हो गया
उसका अक्स उससे बातें करने लगा

वो कुछ बोलता उससे पहले अक्स बोला
कौन हो तुम कुछ देखे-देखे लगते हो
वो कहाँ है जिसको मैं पहचानता था
जो मेरे जैसा साफ और ईमानदार था

उसके चेहरे पर तो बहुत सुकून था
वो कभी बेईमानी नहीं करता था
और कभी किसी के आगे नहीं था झुकता
जो मुझे हर हालत में मज़बूत था लगता

उसने मासूमियत और आशा से पूछा
क्या तुम उसको मिलोगे और मेरा सन्देश दोगे
मैंने उसको टोका और धीरे से समझाया
मैं वहीं हूँ जिसे मिलने को वह था ललचाया

उसने हैरानी से मुझे देखा और कहा
अरे, ऐसा क्या कब और क्यूँ हो गया
ज़िंदगी की दौड़ में तुम बिलकुल बदल गए
उन्मुक्त इंसान थे कब बेड़ियों में बंध गए

कहाँ है तुम्हारी हँसी और लड़कपन
अब तो चेहरे पर है सिर्फ शिकन
झूठ और दिखावा एक श्राप है
यही तो इस समाज पर अभिशाप है

अगर उदास हो तो मुस्कराओ
अगर गिर गए हो तो उठ जाओ
अंतर्मन को समझो, अरे नादान
छोड़ो लालच और पाओ मन में सम्मान

हर किसी के जीवन-काल में अनेक भावनाओं के उतार-चढ़ाव होते हैं। दर्द ऐसी महत्वपूर्ण भावना है जो हर एक मनुष्य को इस जीवन में कभी ना कभी मिलती है। यह शारीरिक और मानसिक दोनो रूपों में सक्षम है। हमें संयम और विश्वास से उसका सामना करना चाहिए।

दर्द

कोई इसको सबसे छुपाता है
कोई इसको सबको दिखाता है
यह ऐसी भावनाओं का खेल है
जो इंसान को जीवन समझाता है

दर्द एक ऐसा निजी एहसास है
जो तुम्हारा है और तुम्हीं सहते हो
रूहानी हो या हो जिस्मानी
सिर्फ तुम ही महसूस कर सकते हो

मानसिक दर्द को मत जगह दो बैठने की
यह अपना बोरिया-बिस्तर नहीं समेटेगा
चाहे कितना गहरा डुबोना चाहो इसको
तैरना सीख कर ये तुम्हीं से है आ लिपटता

मन का दर्द यूँ आसानी से नहीं दिखता
सिर्फ किसी मासूम चेहरे पर ही है छलकता
अंतर्मन को करो व्यावहारिक और मज़बूत
निश्चय करके हटाओ दर्द का सारा वज़ूद

शारीरिक दर्द तो है ही सिर्फ तुम्हारा
कोई अपना ही बस समझ है सकता
हमदर्द साथ हो तो महसूस होगा कम
समय बीतने के साथ हो सकता है गुम

चोटों का दर्द तुम्हें ही है भुगतना
संयम और श्रद्धा से समय को दो बीतने
घाव को पूरा ठीक होने का मौका दो
नहीं तो अपने-पराये लगेंगे इसे कुरेदने

कुछ भी कार्य करने के लिए एक इच्छा चाहिये।
स्वतंत्रता एक बहुत प्रबल प्रेरक है।
चाहे कितनी ही सुख-सुविधाएं हों, पर पराधीन रहना
कोई भी स्वीकार नहीं कर सकता।

प्रेरणा

पक्षी को पिंजरे की आदत हो गई है
वो खुला दरवाज़ा देख कर भी नहीं उड़ता
खुले आसमान के सपने धूमिल कब हो गए
अब तो जैसे उसको कोई फर्क नहीं पड़ता

एक दिन अचानक डाल पर दो पक्षी चहकते देखे
इंद्रधनुष की रंगीन किरणें बिखरती देखीं
उनको देख कर आज एक नई अनुभूति हुई
जैसे उसको हर तरफ चुभती हो कोई सुई

रंग-बिरंगे पक्षियों ने सुरीला गीत गाया
अंधेरा हट गया और हर तरफ उजाला छाया
उसे भी आज एक साथी की ज़रूरत दिखी
पंख फड़फड़ा कर उसने उन्हें मज़बूत किया

मन को पक्का कर मौके को तलाश किया
और एक दिन पिंजरा खुला देख वो उड़ गया
विशाल आसमान में उसे असीम सुकून मिला
अपने जैसे पक्षियों के साथ उसका मन खिला

बंदिश में रहना किसी जीव की फ़ितरत नहीं
संगी-साथी की बताओ किसको जरूरत नहीं
बंदी बना कर मत कीजिए किसी को परेशान
प्रेरणा हो तो बेड़ियाँ तोड़ देगा हर इंसान

बहुत सारे ऐसे वृद्ध माता-पिता हैं, जिनके बच्चे बाहर के देशों में रहते हैं। वह अपनी ज़रुरत के लिए कभी-कभी अपने माता-पिता को अपने पास बुलाते हैं। यह कविता एक कम शिक्षित और भोली औरत की तरफ से है, जो विदेश में अपने बच्चों के पास रहती है। उसे अपना गाँव बहुत याद आता है पर वो अपने मोह व मज़बूरी की वज़ह से कुछ नहीं कह पाती।

परदेश

यह तो अंजान समृद्ध देश है
गोरे लोग अलग भाषा और व्यवहार
घर से बाहर जाते वो हिचकिचाती है
क्योंकि सबको लगती है वो बूढ़ी-गँवार

खिड़की से जब बाहर देखती
बहुत ही ऊँची इमारतें हैं दिखतीं
काश अपने गाँव के खेत दिख जाते
याद उसे उस हरियाली की ही आती

अन्दर कमरे से नन्हीं बच्ची ने पुकारा
भारी मन से उसने आँखे पोंछी और
भाग के उसके पास पहुँच गयी
कहीं कोई ग़लती न हो जाए दोबारा

जल्दी से उसको ठण्डा दूध पिलाया
जो इस परदेश का था रिवाज़
मन तो कह रहा था अपने देश जाने को
पर कौन सुनेगा उसके दिल की आवाज़

बच्ची को काला टीका नहीं लगाना
बालों में उसके तेल नहीं लगाना
कभी लगता है कि क्या उसका काम है
एक मशीन की तरह सबका हुकूम बजाना

कब तक वो यह सब कर पाएगी
हाँ, जब यह बच्ची बड़ी हो जाएगी
शायद ये तब उसे यहाँ से जाने देंगें
जब वो इनके किसी काम न आएगी

उसे गाँव-गलियारे और खेत बहुत बुलाते हैं
अब पता नहीं वहाँ कौन उसको याद करता होगा
वो ये सोचते होंगे कि परदेश में है उसे आराम
नहीं पता उन्हें कि अपने देश में ही मिलती है शान

कभी-कभी इंसान को ऐसे फ़ैसले लेने होते हैं, जिनसे
उसका मन सहमत नहीं होता। चाहे यह उसकी मजबूरी हो
या फिर कोई सामाजिक दबाव,
फ़ैसले के परिणाम की जिम्मेदारी तो उसी की ही होती है।

विकल्प

क्या समस्या है जिसका समाधान ढूँढते हो
कौन से विचारों में हर समय घूमते हो
क्या चाहता है यह असंतुष्ट मन तुम्हारा
कौन सा कार्य करना चाहता है दोबारा

क्या और प्रशंसा और प्रसिद्धि चाहिये
या अपने कांर्यो का समर्थन चाहिए
अंतर्मन को स्थिर करने का समय है यही
इससे तुम्हारी जीवन यात्रा चलेगी सही

मत सोचो कि किसी के लिये कुछ किया
जो किया सिर्फ अपने लिये ही किया
जब इस कमज़ोरी का एहसास हुआ
शर्मिंदगी हुई पर अनदेखा किया

विकल्प हमेशा सामने स्पष्ट थे
पर चुना उसे जो था अनूकुल
उसी को ही पूछा और मदद करी
जो समाज और दुनिया को था कबूल

अपनी इन खामियों को कैसे करें पूरा
अपने ही मन में ताकत की है तलाश
आज ये दिल अचानक क्यूँ सोचने लगा
शायद आइने की यथार्थ से हुई है मुलाकात

सच्चाई और ईमानदारी का रास्ता कठिन है,
पर यह सफलता की तरफ ही जाता है।

जागो रे

माँ कहती थी अपने को समर्थ बनाओ
खुद को विद्वान और पूर्ण बनाओ
सच्चाई और ईमानदारी का है कठिन रास्ता
पर सही मायनों में मज़बूत इन्सान इसी से है बनता

मत देखो तुम दुनिया की बेईमानी
अगर देख भी लो तो समझो उसे बेमानी
थोड़ा समय ज़्यादा लग सकता है कार्य में
कोई कीमती वस्तु नहीं मिलती इतनी आसानी

ज़िंदगी की कश्मकश में हम इन्सानियत भूल गये
लोगों की चालाकी देख कर लालची बन गये
उनके जैसे आसान जीने की करी चाहत
और सारे बचपन के सीखे सिद्धांत किए आहत

आज मिला एक ऐसा सफल संपन्न इन्सान
जिसने नहीं लिया रिश्वत चापलूसी का रास्ता
उसने अंतर्मन को हिला दिया और
फ़िर से उन मज़बूत इरादों को याद दिला दिया

मिल के उससे बहुत सच्चा-अच्छा लगा
बिना सिफ़ारिश के जीवन जीना मुमकिन लगा
आओ जगाएँ मन को फ़िर से एक बार
और करें बचपन की शिक्षा साकार

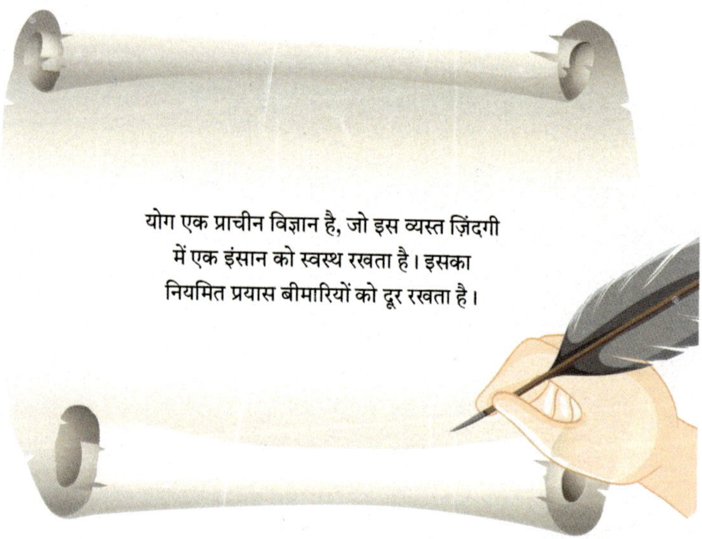

योग एक प्राचीन विज्ञान है, जो इस व्यस्त ज़िंदगी
में एक इंसान को स्वस्थ रखता है। इसका
नियमित प्रयास बीमारियों को दूर रखता है।

योग

हर कोई होगा स्वस्थ
न कोई होगा निर्बल
शरीर से भागेंगे सब रोग
जब नियमित करोगे योग

जैसे रियाज़ करते-करते
गला हो जाता है सुरीला
कितने भी सख्त हों जोड़
योग कर देगा उन्हें लचीला

मानसिक और शारीरिक स्थिति
योग करे दोनों का कल्याण
अगर इसके फ़ायदे समझो
तो यहाँ मिलेगा हर समाधान

योग है समाज की श्रेष्ठ सेवा
जो करे उसे मिले स्वास्थ्य का मेवा
यह है एक प्राचीन विज्ञान
योग है हमारे भारत देश की शान

एक अच्छी पीढ़ी का होगा निर्माण
योग करने से मिलेंगे इसके प्रमाण
प्रभु की है यह सुन्दर आराधना
नियमित योग है एक अमूल्य साधना

कब और कैसे समय बीत जाता है पता ही नहीं चलता। दिन बहुत लंबे लगते हैं और साल बीतते पता नहीं चलता। कब हम बच्चों से बुजुर्ग हो जाते हैं, इसका हमें एहसास ही बहुत देर से होता है।

पता ही नहीं चला

समय कैसे और कब बीत गया
जीवन के मापदंड बदले
शरीर की रंगत चाल की तेजी
रिश्ते-नाते दोस्त और व्यवहार
कब बदल गए पता ही नहीं चला

अभी तो बच्चे थे कब बड़े हुए
अभी तो नादान थे कब सयाने हुए
बड़ों से पूछ कर काम करते थे
अब ये सब बच्चों से पूछने लगे
यह बदलाव कब हुआ पता ही नहीं चला

माँ का हाथ पकड़ स्कूल जाते थे
कब बच्चों को ले जा रहे हैं
थोड़ी सी जेब खर्ची बहुत होती थी
अब ढेर सारे पैसों में कमी रहती है
यह परिवर्तन कब हुआ पता ही नहीं चला

कुछ ही दिन पहले मस्त घूमते थे
सिर्फ माँ की डाँट की चिंता थी
अब कोई नहीं डाँट सकता है
पर अब मस्ती बेफिक्री बिलकुल नहीं है
हालात कब बदले पता ही नहीं चला

अखरोट को दाँत से आराम से तोड़ते थे
दीवार कूद कर अमरूद तोड़ते थे
अब मुलायम चीज़ खाने की कोशिश है
सड़क की ऊँची-नीची सतह से संभलते हैं
समय बीत गया कुछ पता ही नहीं चला

पहले बालों को फैशन के लिये रंगते थे
कब सफ़ेदी छुपाने के लिये रंगने लगे
जिन छोटे-छोटे बच्चों के साथ खेलते थे
वे सब बड़े और सयाने हो गए
समय कब बीता कुछ पता ही नहीं चला

जीवन के उतार-चढ़ाव और समस्याओं से इंसान
परेशान हो जाता है और कम हँसता-मुस्कराता है।
स्वस्थ रहने के लिए खुश रहना जरूरी है। हमें हर
परिस्थिति में संयमित और प्रसन्नचित्त रहना चाहिए।

क्या ऐसा कर सकते हैं?

क्यूँ लिखूं मैं भावुक कविताएँ
क्यूँ डुबाऊ दुःखों को मदिरा में
हाँ ग़मों की यादें हैं बहुत गहरी
वो हैं ज़िंदगी का एक अहम हिस्सा

क्यूँ नहीं याद करें वो सुखी पल
इस जीवन की मुस्कान भरी भेंटें
इनके साथ हँसते हैं कुछ चुटकुले कहते हैं
कुछ हसीन यादें कुछ मस्त पल

यह रूप और यह काठी काया
कड़कती धूप में यह पेड़ों की छाया
नदियों की लहरों ने मधुर गीत गाया
हर तरफ सौंदर्य और प्राकृतिक माया

इंसानी रिश्ते चाहे स्वार्थ के हैं, पर हैं तो
किसी की प्रशंसा किसी पर आश्चर्य
किसी का मज़ाक किसी की वाह-वाह
किसी के लिए श्रद्धा और किसी का शुक्रिया

चल मेरे दोस्त थोड़ा हँसते हैं
एक बार फिर से बच्चे बनते हैं
कुछ और पहलुओं पर बातें करते हैं
बचपन में खेले पिट्ठू और कंचे याद करते हैं